1% 일잘러의
글쓰기 비밀 노트

★ 쉽고 빠르게　바로 써먹는 ★

1% 일잘러의
글쓰기
비밀 노트

백우진 지음

SAY KOREA

세 가지 원칙만 익히면
비즈니스 글쓰기는 쉬워진다

한 번에 통하는 보고서.

결재 라인에서 한 번에 오케이받아 실행되거나 조직 안팎에서 회람되는 보고서는 어떻게 쓸까? 즉, 그런 보고서가 갖춰야 할 요건은 무엇일까?

나는 '전방위 글쟁이'로서 오랫동안 글을 쓰고 편집하고 보고서 작성을 가르쳐왔다. 그리고 그 요건을 세 가지로 간결하게 정리했다. 두괄식, 구조화, 겹치지 않고 빠짐없이MECE가 그것이다.

왜 전방위 글쟁이인가? 나는 일간지 기사뿐 아니라 보고서, 책 원고, 번역 원고 등을 두루 작성했다. 저술하고 번역한 책도 여러 영역에 걸쳐 있다. 지금까지 경제, 경제학, 주식투자, 인공지능AI, 가상현실, 글쓰기, 언어, 마라톤 등 다양한 분야의 책을 쓰고 옮겼다.

편집자로서도 여러 영역의 글을 다듬었다. 무엇보다 글쓰기

강연자로서 맞춤형 강습을 준비하며 초청한 곳의 보고서를 미리 받아 첨삭하는 방식으로 교안을 준비했다. 그러면서 업무용 글의 완성도를 높일 부분을 유형별로 정리했다. 두괄식을 비롯한 세 지침은 이런 과정에서 추출한 것이다.

이들 지침은 내가 쓴 책 『일하는 문장들』(2017)에 일부 반영된 데 이어 삼성 계열 기업교육 전문기업 '멀티캠퍼스'의 온라인 강좌 '직장인 글쓰기 트레이닝: 일하는 문장들'(2019)에 상당히 공유되었다.

두 콘텐츠는 모두 큰 호응을 받아왔다. 『일하는 문장들』은 업무용 글쓰기 분야 베스트셀러 자리를 지키며 판매 2만 부를 돌파했다. 내가 스크립트를 제공한 멀티캠퍼스의 온라인 강좌는 만점 5.0에 4.6의 평점을 기록하고 있다.

이 책은 두 콘텐츠에 비해 비즈니스 글쓰기와 관련한 세 지침을 더 명쾌하고 폭넓게 설명하면서 더 풍부한 사례를 들어 전달한다. 『일하는 문장들』과 '직장인 글쓰기 트레이닝: 일하는 문장들'의 속편이자 확장판에 해당한다.

이 책 한 권만 읽으면 보고서 작성에 필요한 공부를 모두 할 수 있다. 두 콘텐츠 중 하나 또는 둘을 이미 학습한 독자라면 이 책을 통해 글쓰기 역량을 심화할 수 있다. 이 책이 원리에 충실하다는 점을 고려할 때, 이 책으로 시작해 두 콘텐츠로 넘어가는 순서도 괜찮다.

여기서는 '원문'과 '대안'을 비교하는, 이른바 오답노트 방식을 활용해 지침을 전한다. 글쓰기 방법은 지침만으로는 익히기 어렵다. 글쓰기에서 '지침 하나를 배우면 열을 깨치는' 학습자는, 단언컨대 없다. 각 지침은 거기에서 나올 수 있는 여러 오답과 함께 제시되어야 더 많은 학습자에게 온전히 터득된다.

이제 세 지침을 짧게 소개한다.

먼저 1장에서 다룰 '두괄식'이다. 두괄식으로 쓰지 않으면 읽는 사람이 갈피를 잡는 데 시간이 걸린다. 결재권자를 비롯한 읽는 사람들이 답답해한다. 예를 들어 다음 문장을 읽어보자.

> **원문**
>
> 신모델의 강점과 해당 시장의 경쟁 구도, 제품 수요의 가격 탄력성, 현재 경제 상황 등을 고려할 때 신모델의 가격을 기존 모델보다 10% 높게 책정할 수 있다.

당신이 결재권자라고 하자. 이 문장이 금세 파악되나? 그렇지 않을 것이다. 다음과 같이 두괄식으로 쓴 문장이 더 낫다.

> **대안**
>
> 신모델의 가격을 기존 모델보다 10% 높게 책정할 수 있다. 이와 같은 판단에서 고려한 측면은 신모델의 강점과 해당 시장의 경쟁 구도, 제품 수요의 가격 탄력성, 현재 경제 상황 등이다.

다음은 2장에서 다룰 '구조화'다. 구조화는 풀어서 말하면 '가 지런하고 짜임새 있게'다. 이 지침은 보고서에서 가장 많은 분량에 적용된다. 목차부터 잘 구성해야 한다. 목차 아래 각 문단은 한 가지 범주와 그에 속하는 사례들로 조합해야 짜임새가 있다. 그래야 간결하다.

구조화를 시각적으로 가장 잘 구현하는 방식이 '개조식'이다. 개조식이란 내용의 구조를 부호와 들여쓰기로 시각화하는 형식을 가리킨다. 부호로는 대개 □와 ○, – 등이 이 순서대로 쓰인다.

다음은 이 책의 5장 3절 '공공 사업계획서의 목차와 구성' 중한 부분이다. 개조식을 설명하기에 가장 간단한 사례여서 여기에 인용한다.

원문	대안
V. 2023년 추진계획	**V. 2023년 추진계획**
□ 사업기간	□ 사업기간 · 일정
□ 사업대상	□ 사업대상
□ 사업비	□ 사업비
□ 재원구성	○ 재원구성
□ 지원사항	□ 지원사항
□ 추진방법: ○○에 위탁	**VI. 추진방법: ○○에 위탁**
□ 홍보방안	
□ 추진일정	

[원문]의 해당 목차는 8개 문단으로 구성되었다. 그에 비해 [대안]은 4개 문단으로 간결하다. 문단을 범주에 따라 병합한 결과다. '사업기간'과 '추진일정'을 '사업기간·일정'으로 합쳤다. 또 '재원구성'은 '사업비' 범주 아래 배치했다. '추진방법: ○○에 위탁'은 별도 목차로 분리했다. '홍보방안'은 이 업무와 관련해 각 부서의 업무를 명시하는 내용에 대한 목차인 '행정사항'으로 옮겨진다.

개조식만큼 여러모로 오해받는 개념도 드물다. 오해 중에는 '각 문장을 명사로 마쳐야 한다', '한 문장을 한 행 이내에 담아야 한다', '접속사 없이 써야 한다' 등이 있다. 이 책에는 이들 틀린 지침에 대한 명쾌한 해설과 예시를 담았다. 개조식 문서 작성에 도움이 되리라고 본다.

마지막은 3장에서 다룰 '겹치지 않고 빠짐없이$_{\text{MECE}}$'다. '겹치지 않는 것'과 '빠짐이 없는 것' 중에서는 후자가 더 중요하고 어렵다. 업무용 글쓰기에서 중첩은 불필요한 군더더기에 불과하지만, 핵심정보가 누락될 경우 오류에 그치지 않고 중요한 일을 크게 그르칠 수 있다. 보고서가 통과되지 않는 것은 물론이다. 따라서 비즈니스 글쓰기에서는 '빠짐없이' 쓰는 것에 각별히 주의를 기울여야 한다.

두괄식과 관련해 한 가지 더 강조하고 싶은 것이 있다. 4장에서 다룬 핵심요약문은 중요도에 비해 너무 간과되는 요소다. 핵심요약문은 보고서 전체를 두괄식 형식으로 만든다. 그런데 왜 핵심요약문을 쓰는지 모른 채 형식적으로 핵심요약문 항목을 대충 채우는 사례가 많다. 이런 실정에 비추어서도, 핵심요약문을 적절하게 작성하는 직장인은 업무력에 대해 일찌감치 경영진에게 높은 평가를 받을 수 있다. 4장에서 핵심요약문 작성 기법을 사례를 통해 익혀보자.

1~4장에서 세 지침과 핵심요약문을 다룬 뒤 5장은 유형별 문서의 기본 틀과 사례를 제시한다. 개선 방안 보고서, 사업계획서, 사과문, 보도자료 등을 다룬다. 이들 각론에도 세 지침이 적용됨은 물론이다.

6장은 서술형 보고서의 문장 작성에 특히 도움이 될 내용을 담고 있다. 1절 '첫머리를 대충 쓰지 않았나요' 중 일부는 1장의 두괄식과 통한다. 2절 '동급 요소는 동일한 형식으로'는 문법에 해당하는 지침이다. 당연히 반드시 따라야 한다. 그러나 「민법」조차 이를 준수하지 않는 게 현실이다. 또 독자에게 불친절한 글에서 자주 보이는 유형 중 하나가 긴 문장이다. 긴 문장은 나눠야 한다(그러나 짧은 문장 위주로 쓰라고 조언하지는 않는다). 긴 문장을 분리하는 방법을 5절에서 참고할 수 있다.

7장에서 다룰 숫자와 표, 그래프는 글쓰기 교육에서 인기가 없는 주제다. 그러나 보고서의 내실과 전달력이 이들 항목에서 갈리는 사례가 많다. 대학생과 직장인을 대상으로 강습해온 결과, 어려운 수학은 배웠으나 그보다 쉬운 숫자 활용법은 익히지 않은 사람이 많음을 알게 되었다. 정확히 활용되지 않는 대표적인 항목이 유량과 저량, 기하평균이다. 4~6절에는 표와 그래프 작성의 기본 준칙을 공유했다.

업무용 글을 쓰는 방법은 일반적인 기술이다. 수필이나 소설 같은 문예적인 글에 비해서는 쉽다. 업무용 글의 대표적 사례인 보고서는 누구나 익히면 상급 수준으로 작성할 수 있다.

다만 이러한 기술도 적절한 지침과 손에 잡히는 예시를 통해서 학습해야 한다. 그래야 시행착오를 거치지 않고 역량을 축적해나갈 수 있다. 그 과정의 안내서로 이 책이 활용되기를 희망한다.

차례

3장 겹치지 않게 빠짐없이 쓰라

4장 CEO 눈에 쏙 들게 하는 핵심요약문

5장 실전 연습 1: 유형별 글쓰기 가이드

6장 실전 연습 2: 문장 쓰기 가이드

7장 실전 연습 3: 숫자, 표, 그래프 작성의 기본

1장

두괄식은
힘이 세다

왜 두괄식인가?

당신은 어느 회사의 구매 부서에서 일한다. 최근 새로운 업무 솔루션을 결정하는 업무를 맡게 됐다. 새 솔루션을 결정하는 데 고려할 요소는 성능, 안정성, 확장성, 비용이다. 당신은 이들 기준에 비추어 제안받은 네 솔루션을 비교했다. A솔루션은 성능과 안정성이 좋고 비용이 저렴하지만 확장성이 떨어진다. B솔루션은 성능은 뛰어나지만 안정성과 확장성이 낮고 비용도 높은 편이다. C솔루션은 성능과 안정성, 확장성에서 고루 좋은 평가를 받았으나 비용이 높은 편이다. D솔루션은 성능과 안정성에서 가장 높은 평가를 받았으나 비용이 가장 고가이고 확장성이 떨어진다.

당신은 네 솔루션에 대해 위와 같은 내용으로 두 페이지씩 여덟 페이지짜리 보고서를 작성했다. 그 보고서를 받아본 의사결정자의 반응은 어떨까? 십중팔구 '그래서 결론이 뭔데?'일 것이다.

　당신의 보고서가 가진 문제점은 의견을 도출하여 넣지 않았다는 것이다. 만약 그 의견을 결론 부분에 배치했다면 그것도 문제가 된다. 당신의 의견이 '선택에서 중요한 기준인 성능과 안정성, 확장성을 고려할 때, C솔루션이 비용은 높은 편이지만 가장 적합하다'는 것이라면, 그 의견을 보고서 앞에 배치해야 한다.

핵심을 먼저 보여주자

　두괄식은 결론이나 방안, 요청 등 핵심을 앞세우는 형식이다. 왜 두괄식으로 써야 하나? 한 CEO는 취임한 지 몇 달 뒤 구성원들에게 보낸 이메일에서 다음과 같이 예화를 들었다.

　한 고등학생이 담임 선생님에게 이렇게 얘기했어요.

　"선생님, 제가요, 어제 야간자율학습 끝나고 집에 가는데요, 비가 왔잖아요. 우산이 없어서 집에 가는 동안 비를 흠뻑 맞았어요. 몸이 으슬으슬했는데 그래도 집에서 밤 늦게까지 공부를 했어요. 왜냐고요? 선생님 과목은 꼭 복습하고 싶었거든요. 우리 학교에서 선생님이 최고예요. 웃지 마세요, 선생님. 진심이거든요. 그런데요, 어제 좀 무리를 했는지 몸이 많이 힘들어요. 선생님, 어떻게 안 될까요? 저 조퇴 좀 시켜주세요."

그 CEO는 학생 생각에는 자신이 처한 상황과 선생님과의 관계를 하나씩 조곤조곤 앞에 배치할수록 조퇴라는 요청 사항에 더 설득력이 실린다는 생각이 자리 잡고 있는 듯하지만, 학생 말을 듣는 선생님은 갈피를 잡지 못한 채 속으로 '그래서 하고자 하는 얘기가 뭐니?'라는 질문을 되뇌고 있을 것이라고 말했다.

그는 이어 "우리 회사에서 이루어지는 서면 보고 중 이와 비슷한 순서로 전개된 것이 보인다"면서 다음과 같이 예를 들었다.

> "팀장님. 지난 2014년 말에도 중앙정부가 경기부양책을 시행하니, 현금이 넘치는 기업들의 부동산 투자가 늘면서, 반년 후에 땅값이 갑자기 대폭 오른 사례가 있었습니다. 이번에도 토지가격 상승이 예상됩니다. 그러니 ○○시와의 토지구매 협상을 빨리 끝내야 합니다."

그리고 이 보고는 순서를 뒤집어 다음과 같이 두괄식으로 바꿔야 한다고 설명했다.

> "○○시와의 토지구매 협상을 빨리 끝내야 합니다. 왜냐하면 토지가격 상승이 예상되기 때문입니다.
> 그 근거는 다음과 같습니다. 지난 2014년 말에도 중앙정부가 경기부양책을 시행하니, 현금이 넘치는 기업들의 부동산 투자가 늘면서, 반년 후

에 땅값이 갑자기 대폭 오른 사례가 있었습니다. 이번에도 땅값이 오를 것입니다."

보고서를 왜 두괄식으로 써야 하나? 위에서 제시된 사례들로부터 짐작할 수 있다.

우선 두괄식으로 써야 읽는 사람이 핵심을 쉽게 파악할 수 있다. 두괄식으로 정리되지 않은 보고서를 읽는 사람은 열거된 사실과 분석 속에서 헤매게 된다.

둘째, 두괄식은 보고서를 읽는 사람의 시간과 노력을 절약해 준다. 끝까지 읽지 않아도 핵심을 빠르게 파악할 수 있게 한다. 중요한 자료일수록 조직에서 최종 의사결정권을 쥔 인물에게 가까이 올라간다. 그런 자리에 있는 사람일수록 각 보고서에 할애할 시간과 신경이 제한된다. 따라서 중요한 자료일수록 앞부분에서 핵심을 간략하게 제시한 뒤 내용을 전개해야 한다.

셋째, 두괄식으로 '답'을 먼저 제시해야 보고서를 읽는 사람이 해당 사안을 놓고 넓고 깊게 생각할 수 있다. 학생 때 문제 풀이와 정반대다. 문제를 풀 때 답을 먼저 보는 습관을 들이면 스스로 궁리하지 않게 되고, 문제 풀이 역량이 길러지지 않는다. 그러나 업무에서는 답을 놓고 초점을 거기에 맞춰서 궁리하는 편이 도움이 된다.

두괄식으로 써야 업무가 잘 진행된다

앞서 이야기한 세 번째 이유를 조금 더 들여다보자. 만약 당신에게 올라온 신사업 추진 방식에 대한 보고서가 미괄식으로 서술돼, 한 부분 한 부분을 맞춰가면서 결론으로 연결된다고 하자. 당신은 결론을 모른 채 보고서 내용을 따라가다가 끝에 이르러서야 신사업 추진 방식에 대해 생각한다. 그 방식이 도출되기까지의 내용은 읽었으나, 그에 비추어 검토하지는 않았다. 당신은 미괄식으로 제시된 결론을 놓고 보고서의 앞부분을 다시 살펴보게 된다.

반대로 그 보고서가 두괄식으로 작성됐다고 하자. 당신은 서두에 제안된 신사업 추진 방식을 읽고, 처음부터 거기에 초점을 맞춰서 두뇌를 가동한다. 해당 신사업의 내용을 불러오고, 신사업 추진과 관련된 당신의 직·간접 경험을 떠올리면서 보고서를 읽는다. 그렇게 보고서를 검토하다 보면 보고서의 내용을 더 깊게 들여다볼 수 있고, 내용에서 설득력이 부족한 부분이나 보완이 필요한 부분을 더 쉽게 찾을 수 있다. 이 경우 보고서 작성자는 지적을 받지만 신사업은 시행착오를 덜 거치게 된다.

소설가 스티븐 킹Stephen Edwin King은 대학에서 수필 쓰기를 강의한 적이 있다. 그는 『유혹하는 글쓰기On Writing』에서 "두괄식으로 쓰지 않으면 독자는 주제로부터 벗어나 헤매게 된다"고 말했다. 수필도 두괄식으로 쓰면 좋은데, 하물며 그보다 더 현실적인 글인 보고서야 말할 것도 없다. 다만 킹의 설명에는 수정할 대목이 있다. 두괄식으로 쓰지 않은 글을 읽는 독자는 '주제로부터 벗어나'는 게 아니라 '주제를 모른 채' 헤매게 된다.

두괄식은 단순한 형식이 아니다. 강력하고 효율적인 의사소통 방식이다. 두괄식으로 글을 쓰는 다양한 유형을 익혀놓으면 업무에서 마주치는 여러 상황에서 적절히 활용할 수 있다.

유용한 두괄식 유형 세 가지

미국 중앙정보국CIA의 정보보고서 작성 10원칙 중 첫째가 두괄식으로 쓰기다. 책『쓰기의 공식, 프렙!』(임재춘, 2019)은 이 원칙을 인용하며 '결론을 먼저 서술'이라고 옮겼다. 원문은 Put Big Picture, Conclusion First다. 직역하면 '큰 그림이나 결론부터 제시하라'가 된다.

이 지침에는 두괄식의 유형 중 두 가지가 들어 있다. 하나는 '큰 그림부터'이고, 다른 하나는 '결론부터'이다. 두괄식에는 이외에 다른 유형도 여럿 있다. 우리말로 '두괄식'으로 번역되는 다른 영어 표현이 이들 유형을 보여준다. 일대일로 '두괄식'에 대응하는 영어 단어는 없다. 영어가 세계 언어 중 어휘가 가장 풍부한 언어라는 점을 생각하면 조금 의외다.

그중 하나가 '하향식 접근Top-down Approach'이다. 전체를 먼저 보여준 뒤 개별을 서술하라는 지침이므로, 이는 '큰 그림부터'

와 유사하다고 할 수 있다. 스티븐 킹은 두괄식을 더 풀어서 표현했다. 그는 『유혹하는 글쓰기』에서 '주제 문장에 이어 뒷받침하는 문장과 묘사하는 문장을 배치topic-sentence-followed-by-support-and-description'라고 설명했다. 소설가인 스티븐 킹이 두괄식을 강조한 것은, 앞서 언급한 것처럼 그가 대학에서 수필 쓰기를 강의한 경험에서 비롯된 것이다. 그는 저 책에서 수필 작성에 대해 몇 페이지에 걸쳐 들려준다.

두괄식을 가리키는 다른 용어로 BLOT이 있다. 이는 Bottom Line on Top의 두문자 약어다. 이 약어는 두괄식의 유형이라기보다는 두괄식으로 쓰는 데 도움이 될 착안점에 해당한다. 보고서를 작성하다가 점검해보라. 중요한 내용이 맨 뒤에 있지 않나? 그렇다면 맨 뒤에 서술된 대목을 맨 위로 올리면서 내용을 재구성해보자.

나 역시 다년간 글쓰기를 가르치면서 두괄식의 주요 유형을 정리했다. 다음의 세 가지 항목이다.

- 결론(방안, 요청)을 맨 위로
- 핵심 포괄
- 큰 그림 속에서 논의 대상 거론

두괄식 유형 1: 결론을 맨 위로

기승전결이나 '서론-본론-결론'의 순서는 업무용 문서에는 적합하지 않다. 비즈니스 문서는 결론이나 방안을 서두에 담아 작성해야 한다.

다음 보고서는 기승전결의 순서로 전개된다. '기'를 사일로 효과로 시작한 뒤, '승'에서 그것을 이어받아 우리 회사 내 부서 간 칸막이의 문제점을 지적한다. '전'에서 관심을 전환해 부서 간 칸막이를 제거한 벤치마킹 사례를 살펴본 뒤, '결'에서 우리 회사의 사일로 효과를 해소하는 방안을 제안한다.

원문

사일로 효과 관련 보고

1. 사일로* 효과는 조직 내 각 부서가 별개의 사일로처럼 다른 부서와 소통·협력하지 않은 채 자기 부서의 이익만을 추구하는 현상을 가리킨다. 사일로 효과는 부서별 성과주의에 따른 조직 운용의 부작용이다. 사일로 효과는 전사적인 현안에 대처하거나 중장기 과제를 추진하지 못하는 문제점을 일으킨다.

* 곡식이나 사료를 저장하는 굴뚝 모양의 창고

2. 우리 회사는 지난 10년간 빠르게 성장하면서 사업을 다각화했다.

그 결과 현재 사업 영역이 다양하고 사업장도 여러 곳에 분산되어 있다. 최근 A 컨설팅 회사로부터 받은 조직문화 진단에 따르면 부서별 역량은 뛰어나지만 부서 간 소통이 충분히 이뤄지지 않고 협업이 원활하지 않다. 이와 같은 사일로 효과를 방치할 경우 사업 영역 간 문제 해결 및 시너지를 가로막는 요인이 될 것으로 판단된다.

3. 조직 내 부서 간 칸막이를 제거한 벤치마킹 사례로는 미국 컴퓨터 회사 IBM과 영국 석유회사 BP의 제도가 있다. 1990년대 초 IBM에는 부서 이기주의가 만연했다. 영업직원이 다른 사업부의 제품을 비방하기까지 했다. 이를 개선하기 위해 IBM은 부서 간 협력의 정도를 부서 평가에 반영했다. 1990년대 중반 BP는 150개에 이르는 사업부 사이에 장벽이 쳐져 소통과 협력이 이뤄지지 않는다고 진단했다. BP는 사업부를 13개 동료집단으로 묶고, 동료집단 내 사업부끼리 기술적 이슈를 공유하고 문제 해결을 위해 힘을 합치도록 했다.

4. 우리 회사 내 부서 간 칸막이를 제거하는 방안으로 '부서 협력 포인트 부여'와 '부서 간 협력 우수 사례 포상' 제도를 도입해 시행하고자 한다. 두 방안의 실행 계획은 다음과 같다.

5. 실행 계획 (생략)

이 보고서의 핵심은 개선 방안이다. 작성자는 개선 방안으로

'부서 협력 포인트 부여' 및 '부서 간 협력 우수 사례 포상' 제도를 제안했다. 이 두 제도를 앞세워 다음과 같이 보고서를 수정할 수 있다(다음 [대안]은 보고서를 목차에 따라 정리하는 작업은 거치지 않은 단계의 문서다).

[대안]

부서 이기주의 해소 및 소통·협력 제고 방안

1. 현재 우리 회사의 조직은 성과주의에 따른 부서 간 장벽과 부서 이기주의의 문제점이 크다고 분석됐다. 이러한 조직 문화를 개선해 소통과 협력을 활성화하기 위해 '부서 협력 포인트 부여' 및 '부서 간 협력 우수 사례 포상' 제도를 도입해 시행할 필요가 있다.

2. 우리 회사는 지난 10년간 빠르게 성장하면서 사업을 관련 영역으로 다각화했으며, 그 결과 현재 사업 영역이 다양하고 사업장도 여러 곳에 분산되어 있다. 최근 A컨설팅 회사로부터 받은 조직문화 진단에 따르면 부서별 역량은 뛰어나지만 부서 간 소통이 충분히 이뤄지지 않고 협업이 원활하지 않다. 이와 같은 사일로 효과[*]를 방치할 경우 사업 영역 간 문제 해결 및 시너지를 가로막는 요인이 될 것으로 판단된다.

[*] 사일로 효과는 조직 내 각 부서가 별개의 사일로처럼 다른 부서와 소통·협력하지 않는

채 자기 부서의 이익만을 추구하는 현상을 가리킨다. 사일로는 곡식이나 사료를 저장하는 굴뚝 모양의 창고이다. 사일로 효과는 부서별 성과주의에 따른 조직 운용의 부작용이다. 사일로 효과는 전사적인 현안에 대처하거나 중장기 과제를 추진하지 못하는 문제점을 일으킨다.

3. 조직 내 부서 간 칸막이를 제거한 벤치마킹 사례로는 미국 컴퓨터 회사 IBM과 영국 석유회사 BP의 제도가 있다. 1990년대 초 IBM에는 부서 이기주의가 만연했다. 영업직원이 다른 사업부의 제품을 비방하기까지 했다. 이를 개선하기 위해 IBM은 부서 간 협력의 정도를 부서 평가에 반영했다. 1990년대 중반 BP는 150개에 이르는 사업부 사이에 장벽이 쳐져 소통과 협력이 이뤄지지 않는다고 진단했다. BP는 사업부를 13개 동료집단으로 묶고, 동료집단 내 사업부끼리 기술적 이슈를 공유하고 문제 해결을 위해 힘을 합치도록 했다.

4. 우리 회사 조직의 사일로 효과를 제거하는 방안으로 '부서 협력 포인트 부여'와 '부서 간 협력 우수 사례 포상' 제도를 도입해 시행하고자 한다. 두 방안의 실행 계획은 다음과 같다.

5. 실행 계획 (생략)

[대안]은 1번 항목에서 두괄식으로 개선 방안을 문제점과 함께 제시했다. 이어 2번 항목에서 문제점에 대해 서술했다. 여기에서 주목할 부분은 '사일로 효과'를 다루는 방식이다. [원문]과

달리 [대안]은 이를 어깨주$_{shoulder\ note}$로 돌렸다. 해당 용어는 우리 회사의 문제를 일반화해 파악하는 데 유용하지만, [원문]처럼 앞세울 필요는 없다. 벤치마킹 사례 이후 [대안]의 전개 순서는 [원문]과 동일하다.

1번 항목과 4번, 5번 항목을 보면 [대안]은 양괄식이다. 서두에 핵심을 제시한 뒤 상세한 내용을 뒤에서 서술한다. 양괄식은 두괄식에 포함되는 형식이다. 두괄식으로 쓴 다음 뒤에서 핵심을 한 번 더 제시하기 때문이다. 이 [대안]의 경우 앞에서는 요점을 던지고 뒤에서 상술한다.

양괄식은 보고서의 전체 구조에서 종종 활용된다. 특히 대외적으로 소통하거나 설득하는 자리에서는 양괄식을 구사해야 한다. 예를 들어 경쟁 프레젠테이션에서는 반드시 양괄식으로 자료를 작성하고 설명해야 한다.

프렙$_{PREP}$이라는 용어도 활용된다. PREP은 Point, Reason, Example, Point의 약어다. 핵심 포인트를 던진 뒤 이유를 뒷받침하고 사례를 든 다음 다시 포인트로 돌아와 마무리하라는 지침으로 쓰인다. 즉, 프렙은 양괄식을 다르게 설명한 용어다.

두괄식 유형 2: 핵심 포괄

두괄식의 다른 유형은 핵심이 담긴 키워드를 앞세우는 형식이다. 문장이나 문단의 구조를 파악하거나 독자 입장에서 어떤 내용이 우선순위에서 앞서는지 판단함으로써 키워드를 뽑아낼 수 있다.

다음 예문은 분량이 아주 길지는 않지만 정보를 상당히 포함하고 있다.

○○○○는 월드와이드 올림픽파트너(IOC 스폰서) 삼성전자, 2018 평창 동계올림픽대회 공식파트너 KT 등 올림픽 관련 주요 광고주의 마케팅 캠페인을 대행한 바 있다.

이 문장의 키워드는 무엇일까? 먼저 문장 구조를 잡아보자.

○○○○는

삼성전자[월드와이드 올림픽파트너(IOC 스폰서)]

KT[2018 평창 동계올림픽대회 공식파트너] 등

올림픽 관련 주요 광고주의 마케팅 캠페인을 **대행**한 바 있다.

이 문장의 키워드는 굵은 글자로 표시됐다. ○○○○와 삼성전자, KT, 올림픽 관련 주요 광고주, 마케팅 캠페인, 대행 등이다. 이들 단어가 이 문장의 뼈대를 이룬다. 나머지 내용은 우선순위가 이들 키워드 다음이다. 따라서 이 문장을 여러 문장으로 나누어 문단으로 바꾼다면 두괄식 첫 문장은 다음이 적당하다.

○○○○는 올림픽 관련 주요 광고주인 삼성전자와 KT 등의 마케팅 캠페인을 대행한 바 있다.

　이 첫 문장은 '삼성전자'와 'KT'보다 두 회사가 묶인 범주인 '올림픽 관련 주요 광고주'를 앞세웠다. 이는 '문구부터 두괄식' 지침에 따른 배치이다.
　둘째 문장과 셋째 문장에는 각각 삼성전자와 KT를 설명하는 내용을 담으면 된다. 삼성전자에 대한 서술은 [원문]처럼 괄호를 활용해 처리하기보다는 풀어서 설명하면 더 친절하다.

원문

월드와이드 올림픽파트너(IOC 스폰서) 삼성전자

대안

삼성전자는 국내 기업 중 유일하게 국제올림픽위원회(IOC) 공식 후원사 중 가장 높은 등급인 월드와이드 올림픽파트너다.

이제 [원문] 한 문장을 두괄식 문단과 비교해보자.

원문

○○○○는 월드와이드 올림픽파트너(IOC 스폰서) 삼성전자, 2018 평창 동계올림픽대회 공식파트너 KT 등 올림픽 관련 주요 광고주의

마케팅 캠페인을 대행한 바 있다.

○○○○는 올림픽 관련 주요 광고주인 삼성전자와 KT 등의 마케팅 캠페인을 대행한 바 있다. 삼성전자는 국내 기업 중 유일하게 국제올림픽위원회(IOC) 공식 후원사 중 가장 높은 등급인 월드와이드 올림픽파트너다. KT는 2018 평창 동계올림픽대회의 공식파트너였다.

두괄식 유형 3: 큰 그림 속에서 논의 대상 거론

벤 버냉키Ben Bernanke와 티모시 가이트너Timothy Geithner는 2008년 글로벌 금융위기 때 각자 자리에서 소방수 역할을 수행해냈다. 버냉키는 미국 중앙은행인 연방준비제도FED 의장이었고, 가이트너는 재무부 장관이었다. 두 인물이 짊어진 큰 골칫덩이 중에 보험회사 AIG 처리 건이 있었다. 둘 다 금융정책 당국자로서 AIG 지원을 결정했다. 둘 다 이 사안을 대통령에게 보고했다. 그리고 각각 회고록에 다음과 같이 전했다.

> 이제 나는 연방준비제도가 세계 최대의 보험회사인 아메리칸 인터내셔널 그룹(AIG)에 850억 달러를 대출하는 계획을 세우는 이유를 부시 대통령에게 설명하고 있었다.

출처: 벤 버냉키, 『행동하는 용기』, 까치, 2015, 10쪽

"아직도 5개 금융 폭탄의 뇌관을 제거해야 한다"고 했다. (중략) AIG는 부실이 가장 지독해서 폭발에 가장 취약한 상태에 있었다.

출처: 티모시 가이트너, 『스트레스 테스트』, 인빅투스, 2015, 14쪽

당신이 미국 대통령이라고 생각하고, AIG 지원 여부에 초점을 맞춰 두 보고를 비교해보자. 누가 요령이 있어 보이나?

버냉키의 보고 중 '세계 최대'와 '850억 달러'를 놓고 생각해보자. AIG가 세계 최대 보험사라서 지원해야 하나? 그럼 세계 최대 투자은행도 지원 대상인가? 규모는 지원을 결정하는 판단 기준이 아니다. 또 지원 규모도 추정이지 딱 850억 달러라고 할 수는 없다. 지원이 조기에 효과를 거두면 집행 규모가 줄어들지 모르고, 사태가 더 커지면 900억 달러가 들더라도 도와줘야 한다.

반면 가이트너는 금융시장에서 위험에 처한 금융기관이 5곳이고, 그 가운데 AIG가 부도 위험이 가장 크다고 설명했다. AIG가 터지면 연쇄 도산이 벌어진다고 보고했다. 가이트너가 현재 금융시장의 상황 속에서 왜 AIG를 지원해야 하는지 맥락을 짚었다.

두 인물의 회고록을 비교해서 읽으면, 버냉키보다 가이트너가 글로 정리하고 전달하는 역량이 더 숙달되어 있음이 보인다.

버냉키는 경제학의 석학이지만 글을 통해 대중과 소통하는 활동은 별로 하지 않았다. 그에 비해 가이트너는 재무부에서 대내 및 대외 소통을 바탕으로 업무를 수행하면서 효율적인 커뮤니케이션 기법을 터득하게 됐다.

글쓰기는 기술이다. 특정 분야의 지적인 역량과 별개로 다년간에 걸쳐 터득해야 한다.

문구도 두괄식으로 쓴다

두괄식 개념은 대개 문단 단위로 설명된다. 『고려대한국어사전』은 두괄식을 '주제문이 문단이나 글의 앞부분에 오는 산문 구성 방식'이라고 풀이한다. 주제문은 '중심 문장'이라고도 불린다. 문단의 주제문 첫 문장 다음에는 어떤 문장을 쓸까? '네이버 한자사전'은 '두괄식' 표제어에 대해 '그 뒤로는 그 주제문에 대한 예증·부연·논증을 전개하는 문장을 구성'한다고 설명한다.

업무용 글쓰기의 기본형인 두괄식은 이처럼 문단 이상 단위에 적용한다. 그러나 보고서를 쓸 때에는 문단을 구성하는 문장부터 두괄식으로 작성해야 한다. 더 좁혀서는 문장의 일부인 문구부터 두괄식으로 써야 한다.

다음 예문에는 묶는 '묶는 문구/단어'와 '묶이는 문구'가 있다.

코로나19 피해기업 지원센터 운영, 지역 신보 신청 접수를 비롯한 위탁

수행 등 은행권의 피해기업 지원 강화·확대 노력에 따른 업무가 급증
해 처리에 병목현상 발생

묶는 문구/단어와 묶이는 문구는 다음과 같다.

묶는 문구/단어	은행권의 피해기업 지원 강화·확대 노력
묶이는 문구	• 코로나19 피해기업 지원센터 운영 • 지역 신보 신청 접수를 비롯한 위탁수행

이 문장 중 해당 부분을 괄호를 활용해 두괄식으로 쓰면 다음
과 같이 된다. [원문]과 [대안]을 비교해서 읽어보자. [원문]에
서는 독자가 열거되는 두 문구가 무엇으로 묶이는지 문장 중간
에서야 알게 되는 데 비해, [대안]에서는 첫머리에서 파악할 수
있다. 두괄식인 [대안]이 더 효율적이다.

원문

코로나19 피해기업 지원센터 운영, 지역 신보 신청 접수를 비롯한 위
탁수행 등 은행권의 피해기업 지원 강화·확대 노력에 따른 업무가 급
증해 처리에 병목현상 발생

대안

은행권의 피해기업 지원 강화·확대 노력(코로나19 피해기업 지원센터 운영,

지역 신보 신청 접수를 비롯한 위탁수행 등)에 따른 업무가 급증해 처리에 병목현상 발생

눈썰미가 있는 분은 알아차렸으리라. [대안]에는 괄호 외에 다른 시각적인 형식이 활용됐다. 바로 괄호 속 문구의 글자 크기 축소다. 보고서를 읽는 독자는 괄호와 작은 글자를 통해 '이제 그 안으로 들어가는 내용이 서술된다'는 신호를 얻는다. 정보 처리에 도움이 되는 형식이다.

다음 두 개의 사례에서 [원문]과 [대안]을 비교해 읽어보면 도움이 될 것이다.

원문

이러한 노력의 일환으로 열린 이번 18차 국민계정 전문가 회의에서는 행정자료와 회사 수준 데이터 등 **비전통적 데이터**를 활용하는 방안 등이 논의되었다.

대안 1

이러한 노력의 일환으로 열린 이번 18차 국민계정 전문가 회의에서는 **비전통적인 데이터**인 행정자료와 회사 수준 데이터 등을 활용하는 방안 등이 논의되었다.

이러한 노력의 일환으로 열린 이번 18차 국민계정 전문가 회의에서는 **비전통적인 데이터**(행정자료, 회사 수준 데이터 등)를 활용하는 방안 등이 논의되었다.

아울러 고정자산투자가 견조한 성장세를 이어갔다. 이는 지방정부특별채권 발행 증가, 기업 중장기 대출 장려 등 **중국 정부의 지원 확대**에 주로 기인하였다.

아울러 고정자산투자가 견조한 성장세를 이어갔다. 이는 **중국 정부의 지원 확대**가 지방정부특별채권 발행 증가, 기업 중장기 대출 장려 등으로 실행된 데에서 주로 기인하였다.

아울러 고정자산투자가 견조한 성장세를 이어갔다. 이는 **중국 정부의 지원 확대**(지방정부특별채권 발행 증가, 기업 중장기 대출 장려)가 실행된 데에서 주로 기인하였다.

어깨주를 활용하면 문장이 간결해진다

문구 두괄식 정리에는 어깨주가 활용되기도 한다. 어떤 부분에 어깨주를 붙이면 좋을까? 어깨주 내용도 괄호 속 내용처럼 작은 글자로 표시한다.

원문

코로나19 피해기업 지원센터 운영, 지역 신보 신청 접수를 비롯한 위탁수행 등 은행권의 피해기업 지원 강화·확대 노력에 따른 업무가 급증해 처리에 병목현상 발생

대안1

은행권의 피해기업 지원 강화·확대 노력(코로나19 피해기업 지원센터 운영, 지역 신보 신청 접수를 비롯한 위탁수행 등)에 따른 업무가 급증해 처리에 병목현상 발생

대안2

은행권의 피해기업 지원 강화·확대 노력*에 따른 업무가 급증해 처리에 병목현상 발생

* 코로나19 피해기업 지원센터 운영, 지역 신보 신청 접수를 비롯한 위탁수행 등

괄호를 활용한 두괄식인 [대안 1]과 어깨주를 활용한 두괄식

[대안 2]를 비교해보자. [대안 2]는 어깨주로 일부 내용을 돌린 덕분에 문장의 정보량과 길이가 짧다는 장점이 있다.

이처럼 어깨주는 두괄식 용도로도 활용된다. 어깨주의 정석 활용도 살펴보자. 어깨주는 각주_{footnote}처럼 '주석'이다. 주석이란 본문의 어떤 부분의 뜻을 보충하거나 풀이한 글을 의미한다. 각주는 해당 부분에 대한 설명을 페이지의 발치에 다는 형식인데 비해, 어깨주는 해당 부분에 대한 설명을 가까운 자리에 두는 형식이다.

어깨주 정석 활용 사례

다음은 세무서에서 소규모 법인사업자에게 발송한 안내문이다. '소규모 법인사업자'에 별표(*)를 표시한 뒤 아래에 그 범위를 설명했다(어깨주의 설명은 글자 크기를 줄였다). 이처럼 본문 중 어떤 부분의 뜻을 설명하거나 보충하는 내용을 서술하는 용례가 어깨주의 정석이다.

법인 부가가치세 예정고지('21. 4월) 안내문

'21년 4월부터 소규모 법인사업자*의 신고 부담 완화를 위해 예정고지 제도가 시행됩니다.

※ 직전 과세기간(6개월) 공급가액이 1억 5천만 원 미만인 법인사업자

종전	4월 예정신고(1월~3월분) 7월 확정신고(4월~6월분)	→	변경	4월 동봉된 고지서로 납부만 7월 확정신고(1월~6월분)

다음은 산업통상자원부가 발표한 '시스템반도체 생태계 강화 이행전략'(2023.03.16.) 중 한 문단이다. IMEC라는 조직을 아래로 돌려 어깨주로 설명했다. 이 문단에서는 어깨주에서 설명하는 대상 단어 IMEC를 한 번 더 쓰고 콜론(:)을 찍었다. 본문의 '한국형 IMEC'가 아니라 IMEC만 설명한다는 점에서 이때에는 어깨주에 대상 단어를 다시 쓸 필요가 있다.

❹ 인프라: 연구·교육·실증 인프라 '한국형 IMEC' 비수도권 구축

– 첨단공정 연구·교육·실증 인프라를 위한 한국형 IMEC[*]을 민관 합동으로 구축하여 소부장 기업·대학·연구소 등을 위한 실증 테스트베드와 국제 기술협력 테스트베드로 활용하겠다.

[*] IMEC: 벨기에 소재 반도체 연구·인력양성 센터(96개국 산학연 전문가 참여), 최첨단 공정 보유

어깨주는 한 페이지에 셋 이하라면 숫자로 표시하기보다 별 하나(*), 별 둘(**), 별 셋(***)으로 나타내는 편이 직관적이다. 숫자는 독자에게 정보로 인식되는 반면, 별표는 본문과 그에 대한 설명을 이어주는 부호로서만 처리된다.

열거하려는 항목이 많거나 정보량이 제법 되는 경우가 있다.

그렇다면 먼저 두괄식 문구/단어로 묶은 다음 개별 항목을 서술하자. 문구/단어를 두괄식으로 제시하는 기법으로 괄호나 어깨주를 활용할 수 있다.

문단을 장악하는 두괄식 첫 문장의 힘

'전문가의 함정'이라는 용어가 있다. 정보 수용자의 수준이나 처지를 고려하지 않고 발신자의 편의를 앞세우는 태도를 이른다. 글을 쓸 때에도 독자 눈높이에 맞춰서 서술하는 습관을 들여야 전문가의 함정에 빠지지 않게 된다.

긴 한 문장은 두괄식 문단으로 고친다

다음 문장은 독자의 가독성을 고려하지 않은 채 길게 쓰였다는 점에서 전문가의 함정 사례로 볼 수 있다.

인덱스펀드 구성종목의 선정방법에는 크게 인덱스펀드 구성종목 및 구성비율을 목표 인덱스와 동일하게 구성하는 완전복제법과 목표 인덱스

의 구성종목 중 일부를 선택하여 인덱스펀드를 구성하는 부분복제법이
있다.

이 한 문장을 두괄식 문단으로 재구성하면 첫 문장은 어떻게
뽑아야 할까? 강습 때 실습해보면, 열 사람 중 한두 명은 다음과
같이 쓴다.

인덱스펀드 구성종목을 선정하는 방법은 두 가지가 있다.

'두 가지'라는 세 글자에는 정보가 담긴 듯, 담기지 않았다. 이
를 '완전복제법'과 '부분복제법'으로 바꿔야 한다.

원문
인덱스펀드 구성종목의 선정방법에는 크게 인덱스펀드 구성종목 및
구성비율을 목표 인덱스와 동일하게 구성하는 **완전복제법**과 목표 인
덱스의 구성종목 중 일부를 선택하여 인덱스펀드를 구성하는 **부분복
제법**이 있다.

대안
**인덱스펀드 구성종목의 선정방법에는 크게 완전복제법과 부분복제법
이 있다.** 완전복제법은 인덱스펀드 구성종목 및 구성비율을 목표 인덱
스와 동일하게 구성한다. 부분복제법은 목표 인덱스의 구성종목 중 일

부를 선택하여 인덱스펀드를 구성한다.

수식절이 두 군데 들어간 이런 긴 문장이 아니더라도 두괄식 문단으로 고치면 좋은 사례가 많다.

원문

트윈시티에 있는 미네소타대는 밥 딜런을 포함, 29명의 노벨상 수상자를 배출한 명문이다.

대안

미국 미네소타대는 노벨상 수상자를 29명 배출한 명문이다. 최근에는 이 대학 출신 밥 딜런이 노벨 문학상을 수상하기도 했다. 캠퍼스는 트윈시티에 있다.

이 문장의 '주인공'은 미국 미네소타대학이다. 이 대학의 캠퍼스가 있는 도시를 앞세우기보다 이 주인공으로 시작하는 문장이 독자의 관심을 더 집중시킨다. 재구성할 다른 대목은 '밥 딜런을 포함, 29명의 노벨상 수상자'다. 노벨상은 문학상과 경제학상, 평화상이 있지만, 주로 과학자에게 수여한다. 과학 영역 시상 분야는 물리학, 화학, 생리의학이다. 이에 비추어 미네소타대의 노벨상 수상자 29명은 대부분 과학자라는 추정이 가능하다. 그렇다면 밥 딜런을 앞세운 뒤 노벨상 수상자 29명을 쓴 순서는 적절하지 않다. 밥 딜런은 과학자가 대부분인 29명을 대표하지는 못하기 때문이다. 또 '29명의 노벨상 수상자'보다 '노벨상 수상자 29명'이 더 키워드를 앞세워 서술된 [대안]이다.

다음은 한 카드회사의 보도자료 중 일부이다. 둘째 문장과 셋째 문장을 각각 두괄식으로 수정해보자. 문장의 뒷부분에 쓰인 키워드를 앞세우면 좋다.

원문

○○카드는 전 개인 고객을 대상으로 오는 6월 말까지 최장 12개월 무이자 할부 이벤트를 진행한다.

이 기간 동안 ○○카드 고객이 대형마트, 할인점, 학원, 학습지, 서점, 가구, 약국, 차량 정비, 대학교 등록금을 결제할 경우 **2~3개월 무이자 할부**가 가능하다. 백화점, 온라인 쇼핑, 병원, 한의원, 손해보험, 여행, 항공, 숙박, 면세점, 의류와 아웃도어, 국세, 지방세는 **2~6개월 무이자 할부 서비스**가 제공된다.

대안

○○카드는 전 개인 고객을 대상으로 오는 6월 말까지 최장 12개월 무이자 할부 이벤트를 진행한다.

이 기간 동안 ○○카드 고객이 **2~3개월 무이자 할부**를 받을 수 있는 가맹점 및 대상은 대형마트, 할인점, 학원, 학습지, 서점, 가구, 약국, 차량 정비, 대학교 등록금이다. **2~6개월 무이자 할부 서비스**는 백화점, 온라인 쇼핑, 병원, 한의원, 손해보험, 여행, 항공, 숙박, 면세점, 의류와 아웃도어, 국세, 지방세에 대해 제공된다.

요약 먼저, 세부는 다음

요약을 앞세운 뒤 상세한 이야기를 그다음에 하는 유형도 두괄식이다. 다음 [원문]과 [대안]에서 이를 살펴보자.

원문

그러나 12월 통화정책 회의에서는 금리동결에 대해 피셔 총재와 플로서 총재는 금리를 올려야 한다는 매파 입장을, 코철러코타 총재는 경기 하방 리스크를 우려하는 상반된 입장을 내놓으며 **소수의견마저 엇갈리는 모습이었다.**

대안

그러나 12월 통화정책 회의에서는 금리동결 결정에 대한 소수의견마저 엇갈렸다. 피셔 총재와 플로서 총재는 금리를 올려야 한다는 매파 의견을 제시한 반면, 코철러코타 총재는 경기 하방 리스크를 우려하는 상반된 견해를 내놓았다.

문장 내 분산된 키워드를 첫 문장에 배치하고, 남은 구절로 다른 문장을 쓴다. 이때 표현이 반복되는 부분은 퇴고할 때 점검한다. 다음 사례에서 [대안 1]은 첫 문장 중 밑줄 구절이 둘째 문장에서 반복됐다. 반복은 글을 단조롭게 한다. 의미가 비슷한 다른 구절로 대체한 [대안 2]를 권한다.

원문

성장 흐름을 보면 글로벌 경기부진, 금리상승의 영향 등으로 **상반기 중 경기둔화 흐름**이 이어지겠지만, **하반기로** 갈수록 중국 IT 경기 반등 등으로 대외여건이 개선되면서 **점차 나아질 것으로 예상된다.**

대안 1

성장 흐름을 보면 상반기 중 경기둔화 흐름을 보이**다가 하반기로 갈수록** 점차 나아질 것으로 예상된다. 상반기의 경우 글로벌 경기부진, 금리상승의 영향 등으로 경기둔화 흐름을 보이지만, 하반기에는 중국 IT 경기 반등 등으로 대외여건이 개선되면서 점차 나아질 것으로 예상된다.

대안 2

성장 흐름을 보면 상반기 중 경기둔화 흐름을 보이**다가 하반기로 갈수록** 점차 나아질 것으로 예상된다. 상반기의 경우 글로벌 경기부진, 금리상승의 영향 등으로 경기가 부진하지만, 하반기에는 중국 IT 경기 반등 등으로 대외여건이 개선되면서 차츰 개선될 것으로 보인다.

두괄식 서술은 작성자의 적극성을 요구한다. 즉, 읽는 사람에게 내용을 적극적으로 어필하려는 태도를 가져야 두괄식으로 쓸 수 있다. 그런 태도는 한 문장에서도 발휘할 수 있다.

문단의 기본은 두괄식

책 『과학자를 위한 글쓰기』(조슈아 스키멜, 2014)는 "읽기 쉬운 논문의 문단은 대부분 두괄식"이라며 두괄식 문단을 권한다. 저 책은 "논문이 두괄식 문단으로만 이뤄져 있으면 독자는 각 문단의 첫 문장만 이어 읽고도 논문 전체의 주된 내용을 파악할 수 있다"고 설명한다.

이를 다음 사례를 놓고 생각해보자. 이 예문은 내가 정리한 것이다.

원문

알파고는 구글의 인공지능(AI) 개발 자회사 구글 딥마인드가 개발한 바둑 인공지능 프로그램으로, 2016년 이세돌 9단을 상대로 4대 1 대 승을 거두었다. 앞서 IBM이 8년여에 걸쳐 개발한 슈퍼컴퓨터 딥블루 는 1997년 러시아 체스 챔피언 카스파로프를 꺾었다. 또 자율주행 인공지능은 자동차를 목적지까지 이동하도록 한다. 이처럼 지능적인 기계는 대개 명확하고 잘 정의된 최종 목적을 수행한다.

첫째 사례로 알파고가 나온 뒤 둘째 사례로 딥블루가 등장한다. 둘 다 지능 게임에서 인간을 이기도록 설계됐다. 이어 제시된 셋째 사례의 영역은 지능 게임이 아니다. 자동차라는 큰 기계장치를 움직이는 시스템을 소개한다. 이들 세 사례의 공통점이 무엇인지, 독자는 마지막 문장을 읽고 나서야 알게 된다. 미괄식 [원문]을 두괄식 [대안]처럼 재구성하면, 독자는 첫 문장으로 이후 내용의 초점을 맞출 수 있다.

대안

지능적인 기계, 예컨대 알파고와 딥블루, 자율주행 인공지능은 대개 명확하고 잘 정의된 최종 목적을 수행한다. 알파고는 구글의 인공지능(AI) 개발 자회사 구글 딥마인드가 개발한 바둑 인공지능 프로그램으로, 2016년 이세돌 9단을 상대로 4대 1 대승을 거두었다. 앞서 IBM이 8년여에 걸쳐 개발한 슈퍼컴퓨터 딥블루는 1997년 러시아 체스 챔피언 카스파로프를 꺾었다. 또 자율주행 인공지능은 자동차를 목적지까지 이동하도록 한다.

다음 [원문]은 국내 한 경제분석기관이 작성한 자료 중 한 문단이다. 내용 가운데 '지난 11월 전망'과 '그에 비해 0.2%p 상향

조정', 이 두 주요 내용이 분산됐다. 이를 별도 문장으로 모아서 핵심 내용을 문단 앞에 배치했다.

원문

세계경제성장률은 금년 중 2.4%로 지난해 3.2%보다 크게 둔화될 전망이다. **지난 11월 전망** 이후 미국과 유로지역의 soft landing 가능성이 커지고 중국도 조기에 리오프닝한 점을 반영하여 세계성장률 전제를 **0.2%p 상향조정하였다.**

대안

금년 중 세계경제성장률은 2.4%로 지난해 3.2%보다 크게 둔화될 전망이다. **이는 지난해 11월 전망에 비해 0.2%p 상향조정된 수준**이다. 여기에는 미국과 유로지역의 soft landing 가능성이 커지고 중국도 조기에 리오프닝한 점이 반영되었다.

문장도 두괄식, 문단도 두괄식으로

다음은 활자매체에 실린 칼럼을 재구성한 문단이다. 이 문단 앞에는 다음과 같은 내용이 서술됐다.

대전시와 대덕특구는 지난 50여 년 동안 교류와 협력이 활발하지 않았다. 그 결과 대전시는 대덕특구의 우수한 연구인력과 조직으로부터 도움을 받지 못했다.

이 문단을 두괄식으로 전환하려면 [원문]에 굵게 표시한 키워드를 모아 첫 문장을 구성해야 한다. 아울러 여러 움직임 중 하나를 축약해 담으면서 '등'으로 아우르면 더 좋다. [원문]과 [대안]을 비교하며 읽어보자.

원문

대전시가 최근 정무부시장을 없애고 과학부시장 직제를 신설했다. 대전시는 과학부시장으로 **대덕특구** 소재 정부출연연구원의 원장을 지낸 인물을 영입했다. 현재 광역자치단체 17곳에는 대부분 정무부시장(부지사)과 행정부시장(부지사)만 직제에 규정돼 있다. 대전시는 앞서 지난 9월 중순에는 대전과학산업진흥원을 설립하고 초대 원장으로 대덕특구 책임연구원 출신 인사를 임명했다. 또한 대전시는 융합연구혁신센터를 조성해 대덕특구의 과학기술 역량을 바탕으로 새로운 부가가치 창출 플랫폼을 만든다는 계획을 추진 중이다. **지역 발전**을 위한 이러한 움직임에 따라 앞으로 대전시와 대덕특구 간에 전문**인력**과 **조직**의 **교류**와 **협업**이 활발해질 것으로 기대된다.

대안

대전시가 과학부시장 직을 신설하고 이 자리에 대덕특구 출신 인사를

영입하는 등 지역 발전을 위한 **대덕특구와의 인적·조직적 교류와 협업에 나섰다.** 대전시는 최근 정무부시장을 없애고 과학부시장 직제를 신설했다. 대전시는 과학부시장으로 대덕특구 소재 정부출연연구원의 원장을 지낸 인물을 영입했다. 현재 광역자치단체 17곳에는 대부분 정무부시장(부지사)과 행정부시장(부지사)만 직제에 규정돼 있다. 대전시는 앞서 지난 9월 중순에는 대전과학산업진흥원을 설립하고 초대 원장으로 대덕특구 책임연구원 출신 인사를 임명했다. 또한 대전시는 융합연구혁신센터를 조성해 대덕특구의 과학기술 역량을 바탕으로 새로운 부가가치 창출 플랫폼을 만든다는 계획을 추진 중이다.

다음 자료는 2019년 개최된 유엔유럽경제위원회UNECE에서 논의된 내용을 정리한 보고서 중 한 문단이다. [원문]은 첫 문장을 안내형으로 시작했고, [대안]은 두괄식으로 시작했다.

원문

이번 18차 국민계정 전문가 회의도 이러한 노력의 일환 중 하나였으며 다양한 국가들의 글로벌 생산 측정을 위한 노력을 공유할 수 있었다. 구체적으로 글로벌 생산을 측정함에 있어 **비전통적 데이터** 사용에 대한 시도가 있었으며 이러한 데이터는 정형화되어 있지 않고 질적 정도가 매우 상이하기에 향후 데이터 공급자와의 협력과 데이터의 일관성을 높이도록 노력해야 할 것이다. 실례로 호주통계청은 외교통상부와 무역투자위원회의 지원을 통해 **행정자료**를 이용하여 호주 내 외국기업의 경제활동을 측정한 결과를 발표하였다. (중략) 이 밖에도 본 회의에서는 글로벌 생산 측정에 대한 다양한 제안들이 있었는데 그중 하나는 글로벌 생산 측정을 위해서는 **회사 수준**(Firm level)에서 **데이터**가 축적되어야 한다는 것이었다.

출처: 국민계정리뷰, 2019년 제2호, 글로벌 생산에 대한 최근 국제적 논의 현황

대안

이러한 노력의 일환으로 열린 이번 18차 국민계정 전문가 회의에서는 **비전통적 데이터인 행정자료와 회사 수준 데이터 등을 활용하는 방안 등이 논의되었다.** 실례로 호주통계청은 외교통상부와 무역투자위원회의 지원을 통해 행정자료를 이용하여 호주 내 외국기업의 경제활동을 측정한 결과를 발표하였다. (중략) 이 밖에도 본 회의에서는 글로벌 생산 측정에 대한 다양한 제안들이 있었는데 그중 하나는 글로벌 생산 측정을 위해서는 회사 수준에서 데이터가 축적되어야 한다는 것이었다. (중략) 이러한 데이터는 정형화되어 있지 않고 질적 정도가 매우 상이하기에 향후 데이터 공급자와의 협력과 데이터의 일관성을 높이도록 노력해야 할 것이다.

문단을 두괄식으로 쓰려면 문단 내 내용을 첫 문장에 담도록 별도로 노력해야 한다. 작성자가 기울인 노력만큼 독자가 내용을 파악하는 효율이 좋아진다.

여러 문단도 두괄식으로 전개한다

두괄식은 그물에 비유할 수 있다. 두괄식으로 그물을 던져주면 독자는 그 그물로 두괄식 아래 서술된 내용을 건져낼 수 있다. 그물이 제공되지 않은 상태에서 서술된 내용은 모래알처럼 흩어지거나 흘러내리게 마련이다. 독자에게 잡히지 않는다.

이를 다음 예문으로 실험해보자. 기조연설의 교훈을 파악할 수 있나? 연설자가 재임하는 동안 자연재해가 극심했다는 사실이 교훈이 될 수 있을까?

2013년에 나는 한 기조연설을 들었다. 연설자는 미국 국립해양대기청(NOAA) 청장을 지낸 제인 루브첸코였고 주최 측은 스탠퍼드 우즈 환경연구소였다. 루브첸코는 당시 스탠퍼드 방문 교수였다. 그는 NOAA 청장으로 재직하는 동안 얻은 교훈을 들려줬다. NOAA는 우리의 해양과 대기를 측정하고 연구하는 여러 기관을 감독하는 과학 기구다. NOAA

의 많은 임무 가운데에는 '생명과 재산을 자연재해로부터 보호한다'는 것이 있다. 그의 임기는 기록된 역사상 가장 극심한 기후가 나타난 시기였다. 그는 자신이 재임 중 맞닥뜨리고 대처한 자연재해를 가슴이 먹먹하도록 상세히 들려줬고, 그래서 그의 기조연설은 감동적이었으며 때때로 낙담하게 했다. 그의 재임 기간에 홍수 6번, 토네이도 770번, 쓰나미 3번, 대서양 허리케인 70번이 발생했다. 게다가 기록적인 폭설과 심각한 가뭄도 발생했다.

출처: 제러미 베일렌슨, 『두렵지만 매력적인』, 동아시아, 2019, 154~155쪽

위 예문의 다음 문단은 아래의 문장으로 시작한다.

내가 루브첸코의 기조연설에서 받은 교훈 중 하나는 지구 온난화가 극심한 기상이변을 일으킨다는 사실을 알리기가 얼마나 어렵나 하는 것이었다.

위 문장의 내용을 앞서의 예문에 반영해 글을 다음과 같이 재구성해보자. 독자는 예문에 이어지는 문장의 내용 중 '기상이변'에 주목하면서 그 원인인 '지구 온난화'와 연결하며 읽을 것이다.

위 예문을 이어지는 문장과 함께 두괄식으로 재구성하면 다음과 같다.

나는 2013년에 들은 기조연설에서 중요한 교훈을 얻게 되었다. **지구 온난화가 극심한 기상이변을 일으킨다는 사실을 알리는 일이 매우 어렵다는 것이었다.**

기조연설자는 제인 루브첸코 전 미국 국립해양대기청(NOAA) 청장이었다. NOAA는 우리의 해양과 대기를 측정하고 연구하는 여러 기관을 감독하는 과학 기구다. NOAA의 많은 임무 가운데에는 '생명과 재산을 **자연재해**로부터' 보호한다는 것이 있다.

주최 측은 스탠퍼드 우즈 **환경연구소**였고, 루브첸코는 당시 스탠퍼드 방문 교수였다.

그는 NOAA 청장으로 재직하는 동안 얻은 **경험을** 들려줬다. 그의 임기는 기록된 역사상 가장 **극심한 기후가** 나타난 시기였다. 그는 자신이 재임 중 맞닥뜨리고 대처한 **자연재해를** 가슴이 먹먹하도록 상세히 들려줬고, 그래서 그의 기조연설은 감동적이었으며 때때로 낙담하게 했다. 그의 재임 기간에 홍수 6번, 토네이도 770번, 쓰나미 3번, 대서양 허리케인 70번이 발생했다. 게다가 기록적인 폭설과 심각한 가뭄도 발생했다.

특히, 여러 문단을 쓸 때에는 가능한 두괄식으로 쓰면 좋다. 첫 문단에서 이후 여러 문단에 걸쳐 전개될 내용을 짚어주면 독자는 이후 문단들에서 헤매지 않게 된다.

다음 예시문은 2008년 글로벌 금융위기 때 미국 연방준비제도 이사회 의장으로 활약한 벤 버냉키가 쓴 회고록의 일부다. 보험사 AIG를 지원하는 이유가 무엇인지 생각하며 읽어보자.

이제 나는 연방준비제도가 세계 최대의 보험회사인 아메리칸 인터내셔 널 그룹(AIG)에 850억 달러를 대출하는 계획을 세우는 **이유**를 부시 대 통령에게 설명하고 있었다. 이 회사는 서브프라임 모기지로 뒷받침되는 여러 가지 증권의 보험 가입을 위해서 기묘한 신형 금융 도구들을 사용 하여 무모한 도박을 벌였다. 그런 모기지가 기록적인 빠른 속도로 부실 화되었기 때문에 이 보험을 매입했던 금융회사들은 다른 AIG 거래 상 대방들과 더불어 지급을 요구했다. 현금이 없었던 AIG는 며칠 혹은 어 쩌면 몇 시간 뒤에 파산할 수 있었다. AIG와 그 종업원들 혹은 주주들을 돕고 싶은 간절한 마음이 우리 계획의 동기가 결코 아니라고 나는 대통 령에게 말했다. 오히려 ⓐ **우리는 금융 시스템 그리고 더욱 중요하게는 미국 경제가 AIG의 파산을 견딜 수 있을 것이라고 생각하지 않았던 것 이다.**

[시장 상황] 리먼의 파산을 접한 시장은 대공황 이후 보지 못했던 강력 한 전면적인 패닉에 이미 빠져 있었다. (중략)

[정치적 상황] 방 안에 있던 모든 사람은 AIG의 구제가 대통령 선거의 해에 정치적으로 둘 수 있는 최악의 수라는 것을 알았다. 그보다 불과 2주일 전에 대통령이 소속된 공화당은 2008년 전당대회 정강에서 "우 리는 민간기업에 대한 정부의 구제금융을 지지하지 않는다"라고 단호하 게 선언했다. 연방준비제도가 제안한 개입은, 기업들이 시장의 원칙에 따라야 하고 정부는 기업의 과실로부터 기업을 보호해서는 안 된다는 기본 원칙을 어기게 된다. 그러나 지금처럼 제반 금융 여건이 혼란에 빠 졌을 때, ⓑ **만약 AIG가 파산하면, 그 상황이 상상할 수 없는 수준으로**

악화되어 미국경제와 세계경제에, 분명히 재앙적인 결과들을 초래할 수 있다는 것을 나는 알았다.

[AIG의 파장] 자산이 1조 달러를 넘는 AIG는 리먼보다 규모가 50% 이상 더 컸다. 이 회사는 130개국 이상에서 영업을 했고, 세계적으로 7,400만이 넘는 개인과 법인 고객을 확보하고 있었다. (중략) ⓒ **AIG의 붕괴는 미국과 해외 양쪽에서 더 많은 초대형 금융회사들의 도산을 촉발할 가능성이 농후했다.**

출처: 벤 버냉키, 『행동하는 용기』, 까치, 2015, 10~11쪽

굵은 글자로 표시한 문장들이 이유에 해당한다. ⓐ 문장보다 ⓑ 문장이 더 포괄적이다. ⓒ 문장은 붕괴가 도미노 넘어지듯이 확산될 위험을 서술한다. 첫 문장에 바로 ⓑ 문장을 붙이고, ⓒ 문장으로 뒷받침하면 좋겠다. 이렇게 하면 ⓐ 문장은 안 써도 된다.

원문

이제 나는 연방준비제도가 세계 최대의 보험회사인 아메리칸 인터내셔널 그룹(AIG)에 850억 달러를 대출하는 계획을 세우는 이유를 부시 대통령에게 설명하고 있었다. 이 회사는 서브프라임 모기지로 뒷받침되는 여러 가지 증권의 보험 가입을 위해서 기묘한 신형 금융 도구들을 사용하여 무모한 도박을 벌였다. 그런 모기지가 기록적인 빠른 속도로 부실화되었기 때문에 이 보험을 매입했던 금융회사들은 다

른 AIG 거래 상대방들과 더불어 지급을 요구했다. 현금이 없었던 AIG
는 며칠 혹은 어쩌면 몇 시간 뒤에 파산할 수 있었다. AIG와 그 종업
원들 혹은 주주들을 돕고 싶은 간절한 마음이 우리 계획의 동기가 결
코 아니라고 나는 대통령에게 말했다. 오히려 우리는 금융 시스템 그
리고 더욱 중요하게는 미국 경제가 AIG의 파산을 견딜 수 있을 것이
라고 생각하지 않았던 것이다. (하략)

대안

이제 나는 연방준비제도가 세계 최대의 보험회사인 아메리칸 인터내셔
널 그룹(AIG)에 850억 달러를 대출하는 계획을 세우는 이유를 부시 대
통령에게 설명하고 있었다. ⓑ **만약 AIG가 파산하면 상황이 상상할 수
없는 수준으로 악화되어 미국경제와 세계경제에 재앙적인 결과를 초
래할 것이 분명했다. ⓒ AIG의 붕괴는 미국과 해외 양쪽에서 더 많은
초대형 금융회사들의 도산을 촉발할 가능성이 농후했기 때문이었다.**
이 회사는 서브프라임 모기지로 뒷받침되는 여러 가지 증권의 보험 가
입을 위해서 기묘한 신형 금융 도구들을 사용하여 무모한 도박을 벌였
다. 그런 모기지가 기록적인 빠른 속도로 부실화되었기 때문에 이 보험
을 매입했던 금융회사들은 다른 AIG 거래 상대방들과 더불어 지급을
요구했다. AIG와 그 종업원들 혹은 주주들을 돕고 싶은 간절한 마음이
우리 계획의 동기가 결코 아니라고 나는 대통령에게 말했다. (하략)

이처럼 두괄식은 여러 문단에 대해서도 적용해야 할 지침이다.

2장

가지런하고
짜임새 있게
구조화하라

보고서 구성 단위는 문장 아니라 문단

글은 문단 단위로 써야 한다. 스티븐 킹은 『유혹하는 글쓰기』에서 "나는 문장이 아니라 문단이야말로 글쓰기의 기본 단위라고 주장하고 싶다"라고 말했다. 문예적인 글도 문단을 기본 단위로 삼아야 하는데, 업무용 글은 두말할 나위가 없다. 보고서는 반드시 문단 단위로 써야 한다. 문단 단위 글쓰기를 나는 강의 시간에 다음과 같이 풀어서 설명하곤 한다.

"글은 무엇으로 이뤄진다고 생각하세요? 단어나 문장일까요? 아닙니다. 글은 단어나 문장이 아니라 '문단'으로 구성됩니다. 이와 관련해 벽돌집을 모래와 시멘트가 아니라 벽돌을 쌓아 짓는다는 비유를 들 수 있습니다. 목차를 가른 뒤 각 목차 속에서 문단을 나누고 문단 속 정보를 적절하게 배치해야 보고서가 짜임새 있게 완성됩니다."

비슷한 항목을 묶고, 그 위에 범주 부여

문단 단위 문서 작성의 방법에는 여러 갈래가 있다. 그중 하나가 비슷한 사례(문장)를 모은 뒤 그 위에 범주(목차)를 붙이는 방법이다. 이 같은 추상적인 지침은 구체적인 사례와 설명이 뒷받침되어야 이해된다. 다음과 같은 사례를 놓고 생각해보자. 항목들을 어떻게 정리하면 좋을까?

원문

- ○○시장에 이미 많은 제조업체가 있는 상태였지만 최근 □□분야의 다른 업체들도 이 시장으로 새로 진입해 경쟁이 더욱 치열해짐.

- ○○시장에서 경쟁이 치열해짐에 따라 제품의 경쟁력은 원가, 품질과 S/W, 옵션 및 추가 기능, 제품 라인업 등으로 결정되고 있으며 주요 제조업체들은 뚜렷한 기술력이나 라인업을 갖춘 상태

- 특히 AAA사는 계열 5개사를 단일 브랜드로 통합해 라인업을 정리함으로써 상당한 원가절감 효과를 거두면서 시장점유율 1위 자리를 확고히 함

- 주요 경쟁사인 BBB와 CCC는 기존 디자인을 고수하면서 기능과 옵션을 추가함으로써 지속적으로 원가절감을 도모 중

- 제조업체들은 대부분 제품 라인업을 정리하고 간결한 디자인을 유지함으로써 원가절감을 추구하고 있음

- 다른 국내 업체 DDD와 EEE의 경우 특별한 원가·품질 경쟁력은

없는 단계로 판단되나, 다른 분야의 장비를 조합해 시장에 침투할

것으로 예상됨

열거 항목이 여섯 개뿐이어서 정보량이 많지 않으니 문단을 구성할 필요가 없을까? 그런 판단은 자기중심적이다. 보고서는 읽는 사람이 짧은 시간에 내용을 정확하게 파악하도록 써야 한다.

처음 두 항목은 시장 상황을 서술한다. 다음 네 항목은 경쟁업체들의 움직임을 전한다. 그렇다면 [원문]을 두 문단으로 구분할 수 있다. 문단 구성은 첫째 문단과 둘째 문단을 행 띄우기로 구별한다고 해서 마무리되지 않는다. 첫째 문단과 둘째 문단에 각각의 범주(목차)를 잡아 붙이고, 내용 전체를 아우르는 범주(목차)를 맨 위에 추가해준다. 첫째 문단의 범주(목차)는 '시장 상황' 정도이고, 둘째 문단은 '경쟁업체 동향'이 적당하다.

문단을 재구성하면 다음과 같다.

대안

시장 상황 및 경쟁업체 동향

시장 상황

- ○○시장에 이미 많은 제조업체가 있는 상태였지만 최근 □□분야의 다른 업체들도 이 시장으로 새로 진입해 경쟁이 더욱 치열해짐

- 경쟁이 치열해짐에 따라 ○○시장 제품의 경쟁력은 원가, 품질과 S/W, 옵션 및 추가 기능, 제품 라인업 등으로 결정되고 있으며 주요 제조업체들은 뚜렷한 기술력이나 라인업을 갖춘 상태

경쟁업체 움직임

- 제조업체들은 대부분 제품 라인업을 정리하고 간결한 디자인을 유지함으로써 원가절감을 추구하고 있음
- 특히 AAA사는 계열 5개사를 단일 브랜드로 통합해 라인업을 정리함으로써 상당한 원가절감 효과를 거두면서 시장점유율 1위 자리를 확고히 함
- 주요 경쟁사인 BBB와 CCC는 기존 디자인을 고수하면서 기능과 옵션을 추가함으로써 지속적으로 원가절감을 도모 중

＊ 한편 다른 국내 업체 DDD와 EEE의 경우 특별한 원가 품질 경쟁력은 없는 단계로 판단되나, 다른 분야의 장비를 조합해 시장에 침투할 것으로 예상됨

[원문]과 [대안]을 세부로 들어가서 비교해보자. 둘째 문단의 서술 순서를 바꿔서 다섯째 항목을 위로 올렸다. 이렇게 일반적인 내용으로 시작한 뒤 개별적인 내용을 서술하는 층위(위계) 구조가 더 잘 전달된다. 또 아직 경쟁 대상이 아닌 업체들에 대한 여섯째 서술은 참고 자료로 급을 낮춰 작게 표시했다.

개조식으로 작성된 다음 예문은 법무부가 2019년 11월에 낸 보도해명자료의 일부다. 법무부는 "일부 언론에서 한국경영자

총협회의 의견을 인용하여, '횡령·배임 기업인 재직제한은 과도한 이중처벌'이라는 취지의 보도가 있어, '특정경제사범 취업 제한 제도'와 관련해 아래와 같이 설명드립니다"라고 밝혔다.

이 인용문을 문단 단위 서술 측면에서 어떻게 수정하면 더 나을지 생각해보자. 즉, 한 문단에서 한 가지씩 다루고, 문단 내의 내용을 층위에 따라 배치한다는 원리에 따라 재구성해보자.

원문

○ 이는 5억 원 이상 거액의 횡령·배임죄 등으로 유죄판결을 받은 이사 등이 피해 회사에 취업하는 것을 제한하여 피해 기업과 주주를 충실하게 보호하기 위한 목적으로 도입된 것입니다.

  – 회사의 소유권 행사를 제한하는 것이 아니라 중대 경제범죄로 유죄가 확정된 사람의 회사 경영권 행사를 제한하는 것이며, 모든 회사 취업이 제한되는 것이 아니라 범죄행위와 밀접한 관련이 있는 피해 기업체에 일정 기간만 취업이 제한됩니다.

○ 「특정경제범죄 가중처벌 등에 관한 법률」은 취업제한 대상 기업체를 '유죄판결된 범죄행위와 밀접한 관련이 있는 기업체'로 구체적으로 범위를 정하여 시행령에 위임했고, 개정된 시행령상 '범죄행위로 인한 피해 기업체'는 위임 범위 내에 포함됩니다.

※ 「특정경제범죄 가중처벌 등에 관한 법률」 제14조 제3항: 유죄판결된 범죄행위와 밀접한 관련이 있는 기업체의 범위는 대통령령으로 정한다.

보도해명 중 인용된 부분의 논점은 두 가지다. 첫째, 소유권 행사를 제한하는 것이 아니라 경영권 행사를 제한하는 것이다. 둘째, 모든 회사의 취업을 제한하는 것이 아니라 피해 기업체에 일정 기간만 취업을 제한한다.

이 두 논점은 줄표(-) 하나에 묶여 요약됐다. 각각에 대한 설명은 위 동그라미(○)와 아래 동그라미에 나뉘어 서술됐다. 요약된 두 논점을 각각 동그라미를 부여해 쓰고, 각각에 대한 설명은 각각 줄표 다음에 서술해야 한다. 다음 [대안]을 [원문]과 비교해보자.

대안

○ 주주의 회사 소유권 행사를 제한하는 것이 아니라 중대 경제범죄로 유죄가 확정된 사람의 회사 경영권 행사를 제한하는 것입니다.
 – '특정경제사범 취업제한 제도'는 5억 원 이상 거액의 횡령·배임죄 등으로 유죄판결을 받은 이사 등이 피해 회사에 취업하는 것을 제한하여 피해 기업과 주주를 충실하게 보호하기 위한 목적으로 도입되었습니다.

○ 모든 회사 취업이 제한되는 것이 아니라 범죄행위와 밀접한 관련이 있는 피해 기업체에 일정 기간만 취업이 제한됩니다.
 – 「특정경제범죄 가중처벌 등에 관한 법률」은 취업제한 대상 기업체를 '유죄판결된 범죄행위와 밀접한 관련이 있는 기업체'

로 구체적으로 범위를 정하여 시행령에 위임했고, 개정된 시행령상 '범죄행위로 인한 피해 기업체'는 위임 범위 내에 포함됩니다.

※ 「특정경제범죄 가중처벌 등에 관한 법률」 제14조 제3항: 유죄판결된 범죄행위와 밀접한 관련이 있는 기업체의 범위는 대통령령으로 정한다.

[대안]은 문단 단위로 재구성됐고 문단 내 정보가 층위(위계)에 따라 재배치되어 해명자료의 골조를 뚜렷하게 드러낸다.

문단 단위로 보고서 쓰는 법

보고서는 문단 단위로 쓴다. 문단 단위 쓰기는 두 단계로 이루어진다. 첫째, 개별 내용을 범주에 따라 분류해 묶는다. 둘째, 각 묶음이 어떤 범주에 해당하는지, 그 범주의 명칭을 각 묶음의 위에 적는다.

서술형 보고서의 경우 문단의 범주에 비추어 그 문단에 담긴 사례가 적합한지 검검해야 한다. '범주'와 '사례'를 대응시키는 사고와 서술이 문단 단위 작성의 기본이다. '범주'와 '사례'는 '일반'과 '개별'이라고도 설명할 수 있다.

다음은 책 『나를 부르는 숲』(빌 브라이슨, 2018) 중 15장에서 뽑은 한 문단이다. 이 문단에서 범주와 어긋나는 문장들을 찾아보자.

생각해보라. 한 얼음의 높이가 거의 반 마일이나 되고 수만 제곱 마일에 단지 얼음밖에 없으며, 아주 높은 산봉우리 몇 개만 얼음을 겨우 뚫고 솟아 있는 풍광을. 대단한 경치였음에 틀림없다. 여기에 우리 대부분이 놓치고 있는 사실이 있다. 우리는 여전히 빙하기에 살고 있지만 1년에 일부분만 그것을 경험하고 있을 뿐이다. 눈과 얼음과 추위는 지구의 일반적인 특질이 아니다. 길게 보면 남극 대륙은 실제로 정글이다—지금은 잠시 추운 시기에 있을 뿐이다—2만 년 전 마지막 빙하기가 절정에 이르렀을 때 지구의 30퍼센트가 얼음으로 덮여 있었다. 오늘날에는 10퍼센트가 얼음으로 덮여 있다. 지난 200만 년 동안 빙하기가 적어도 12차례 있었고, 각각은 약 10만 년 동안 지속되었다.

다음 세 문장은 그 앞뒤와 반대 내용을 담고 있으므로 지웠어야 했다.

눈과 얼음과 추위는 지구의 일반적인 특질이 아니다. 길게 보면 남극 대륙은 실제로 정글이다—지금은 잠시 추운 시기에 있을 뿐이다—

이 문장들을 놓고 '저자가 설마 그렇게 썼을 리가 없고, 필시 번역 실수이지 싶다'는 추측이 나왔다. 아니다. 저자가 실수했다. 해당 [원문]은 이렇다.

Snow and ice and cold are not really typical features of earth.

74

Taking the long view, Antarctica is actually a jungle. (It's just having a chilly spell.)

'범주와 사례', '일반과 개별'의 사고는 서술형은 물론 개조식에도 적용해야 한다. 개조식의 목차는 범주에 해당한다.

구조화 문단의 두 유형: 안내형과 두괄식

　과학 논문 작성법 안내서인 책『과학자를 위한 글쓰기』의 주요 지침은 보고서에도 그대로 적용할 수 있다. 저 책은 문단 대부분을 두괄식으로 작성하라면서 "미괄식 문단은 전체 문단 가운데 25~30%만 차지하게 배정하는 것이 좋다"고 권한다. 즉, 문단 중 70~75%를 두괄식으로 쓰라는 말이다.

　다만 이 조언에는 사각지대가 있다. 보고서 문단에는 두괄식과 미괄식 외에 안내 문장으로 시작하는 문단이 있기 때문이다. 이를 '안내형 문단' 또는 '안내형'이라고 부르자. 안내형은 보고서 문단 중 가장 큰 비중을 차지한다.

　업무용 자료에는 안내형과 두괄식, 두 유형을 권한다. 미괄식은 불친절하다. 핵심을 파악하는 데 시간이 오래 걸리고 읽는 사람을 답답하게 한다.

　한편 양괄식은 두괄식의 특수한 유형인데, 문단 단위에서는 거의 필요하지 않다. 이 밖에 개별 문장이 조직되지 않은 채 흩어진 문단, 즉 구조화되지 않은 문단도 있다. 구조화되지 않은 문단은 비즈니스 글쓰기에서는 전혀 바람직하지 않다.

앞서 1장 5절에서 다룬 예문을 활용해 문단의 유형을 살펴보자(53쪽 참조). 동일한 내용을 다음과 같이 조직되지 않은 문단, 안내형 문단, 두괄식 문단, 미괄식 문단으로 서술했다.

조직화되지 않은 문단 ①대전시가 최근 정무부시장을 없애면서 과학부시장 직제를 신설했다. 대전시는 과학부시장으로 대덕특구 소재 정부출연연구원의 원장을 지낸 인물을 영입했다. 현재 광역자치단체 17곳에는 대부분 정무부시장(부지사)과 행정부시장(부지사)만 직제에 규정돼 있다. ②대전시는 앞서 지난 9월 중순에는 대전과학산업진흥원을 설립하고 초대 원장으로 대덕특구 책임연구원 출신 인사를 임명했다. ③또한 대전시는 융합연구혁신센터를 조성해 대덕특구의 과학기술 역량을 바탕으로 새로운 부가가치 창출 플랫폼을 만든다는 계획을 추진 중이다.

안내형 문단 **대전시가 지역 발전을 위해 대덕특구와의 인적·조직적 교류와 협업에 나섰다.** ①대전시는 최근 정무부시장을 없애면서 과학부시장 직제를 신설했다. 대전시는 과학부시장으로 대덕특구 소재 정부출연연구원의 원장을 지낸 인물을 영입했다. 현재 광역자치단체 17곳에는 대부분 정무부시장(부지사)과 행정부시장(부지사)만 직제에 규정돼 있다. (② 문장, ③ 문장)

두괄식 문단 대전시가 과학부시장 직을 신설하고 이 자리에 대덕특구 출신 인사를 영입하는 등 지역 발전을 위한 대덕특구와의 인적·조직적 교류와 협업에 나섰다. (① 문장들, ② 문장, ③ 문장)

미괄식 문단 ①대전시가 최근 정무부시장을 없애면서 과학부시장 직제를 신설했다. 대전시는 과학부시장으로 대덕특구 소재 정부출연연구원의 원장을 지낸 인물을 영입했다. 현재 광역자치단체 17곳에는 대부분 정무부시장(부지사)과 행정부시장(부지사)만 직제에 규정돼 있다. ②대전시는 앞서 지난 9월 중순에는 대전과학산업진흥원을 설립하고 초대 원장으로 대덕특구 책임연구원 출신 인사를 임명했다. ③또한 대전시는 융합연구혁신센터를 조성해 대덕특구의 과학기술 역량을 바탕으로 새로운 부가가치 창출 플랫폼을 만든다는 계획을 추진 중이다. **이처럼 대전시는 지역 발전을 위해 대덕특구와의 인적·조직적 교류와 협업에 나서고 있다.**

안내 문장은 목차에 해당한다. 따라서 안내형 문단은 다음과 같이 목차를 잡은 문단으로 쉽게 바꿀 수 있다.

서술식

대전시-대덕특구 인적 조직적 교류와 협업

① 대전시는 최근 정무부시장을 없애면서 과학부시장 직제를 신설했다. 대전시는 과학부시장으로 대덕특구 소재 정부출연연구원의 원장을 지낸 인물을 영입했다. 현재 광역자치단체 17곳에는 대부분 정무부

시장(부지사)과 행정부시장(부지사)만 직제에 규정돼 있다. (② 문장, ③ 문장)

개조식

□ 대전시–대덕특구 인적 조직적 교류와 협업

  ○ 대전시는 최근 정무부시장을 없애면서 과학부시장* 직제를 신설하고 이 자리에 대덕특구 소재 정부출연연구원의 원장을 지낸 인물을 영입

  * 현재 광역자치단체 17곳 직제에는 대부분 정무부시장(부지사)과 행정부시장(부지사)만 규정

  ○ 대전시는 앞서 지난 9월 중순에는 대전과학산업진흥원을 설립하고 초대 원장으로 대덕특구 책임연구원 출신 인사 임명

  ○ 또한 대전시는 융합연구혁신센터를 조성해 대덕특구의 과학기술 역량을 바탕으로 새로운 부가가치 창출 플랫폼을 만든다는 계획을 추진 중

안내형 문단을 두괄식으로 바꾸기

다음과 같이 안내형으로 구조화된 문단을 두괄식으로 바꿔 보자.

미국 미네소타대학교는 **과학에 강한 명문대학**이다. 노벨상 수상자를

29명 배출했다. 최근 동문 가수 밥 딜런에게 노벨문학상이 수여되기도 했다. 캠퍼스는 트윈시티에 있다.

'노벨상 수상자를 29명 배출'했다는, '과학에 강한'의 핵심 정보가 첫 문장에 들어가면 좋겠다.

미국 미네소타대학교는 **노벨상 수상자를 29명 배출한 과학 명문이다.** 최근 이 대학 출신 가수 밥 딜런에게 노벨문학상이 수여되기도 했다. 캠퍼스는 트윈시티에 위치한다.

안내형 문단은 개조식으로 바꾸기 용이하다. 앞 안내형 문단의 개조식 표현은 다음과 같다.

　□ 미국 미네소타대학교는 과학에 강한 명문대학이다.
　　○ 노벨상 수상자를 29명 배출했다.
　　　− 최근 동문 가수 밥 딜런이 노벨문학상을 받기도 했다.
　　○ 캠퍼스는 트윈시티에 있다.

다음은 산업통상자원부 자료 중 안내형 문단의 예시다. 이를 두괄식으로 수정해보자. 해당 문단은 '소부장 핵심축인 뿌리산업 고부가가치화 본격추진'(2021.02.16.)에서 인용되었다.

□ 금년도 주요 지원과제와 개발내용은 아래와 같음

① (융복합: 용접) 스마트카용 센서모듈 제조를 위한 용접 기술개발 등

○ 미러리스 카메라 모듈 제작을 위해 고온·복합 진동 등 가혹 환경에도 사용 가능한 센서와 렌즈 등 핵심부품의 정밀 용접·접합 기술개발

② (친환경: 표면처리) 다양한 컬러 구현이 가능한 자동차용 친환경 표면처리 기술개발 등

○ 유해물질이 다량 발생하는 기존의 크롬(Cr) 도금 및 우레탄 코팅을 대체하는 10종 이상의 금속 질감 컬러 구현이 가능한 친환경 건식 표면처리 공정 및 장비 개발

③ (초고정밀: 금형) 9단 변속기용 사이드 커버 제조 사출 금형설계 등

○ 변속기 대형화에 따른 공간효율 극대화 요구 조건을 만족하기 위해 변속기 모듈 일체화 및 오일 누유 방지가 가능한 고정밀, 고신뢰성 변속기 케이스 제조 사출성형 금형설계 기술개발

안내형인 첫 줄을 두괄식으로 수정하면 어떻게 될까? 주요 지원과제가 세 가지로 많지 않으므로 다음과 같이 첫 문장에 다 열거할 수 있다. 주요 지원과제의 가짓수가 더 많고 내용이 길 경우 대표적인 한 가지만 앞세우고 나머지는 '등'으로 처리하면 된다.

□ 올해에는 주로 카메라 센서 등 정밀용접, 차 표면 친환경 컬러 처리, 변속기 금형 설계 등을 지원

다만 안내형과 두괄식이 모든 사례에서 명쾌하게 구분되지는 않는다. 그러나 개조식 보고서를 쓸 때는 기본적으로 안내형을, 서술형 보고서를 쓰는 경우에는 가능하면 두괄식을 활용한다고 생각하자.

개조식은 시각화다

────────────────────────────────── ●

'개조식'은 수십 년간 활용됐으나 회색 지대에 놓인 개념이자 기법이다. 그래서 개조식은 제각각으로 정의되고 활용됐다. 개조식은 한자어이고, 個條式이라고 쓴다. 일본어에서 온 단어로 추정된다. 정작 일본어에는 이 단어가 없다. 일본에서는 個條를 대개 箇條로 표기한다.

개조식에 해당하는 일본어는 '개조쓰기箇條書き'라고 나는 추정한다. 그 근거는 국내에 번역된 글쓰기 책의 일본어 제목이다. 일본어 제목은 『초·개조쓰기超·箇條書き』다. 국내에는 『군더더기 없이 핵심만 담는 쓰기의 기술』(스기노 미키토, 2018)로 번역·출간됐다.

저 책에서는 개조식을 무엇이라고 정의할까? 목차 중 파트2 '압축·요약의 첫 번째 기술, 구조화'에 핵심 원리가 나온다. 즉, '구조화는 단계를 구성하는 일이다'라는 원리다. '일반'적인 설명은 구체적인 '개별'로 제시할 때 잘 전달된다. 저 책이 제시하는 개별을 내가 일부 수정해 전한다.

다음 다섯 항목이 보고서에 담을 내용이라고 하자.

- 경쟁사 신상품이 인기를 끌면서 우리 회사 상품 고전
- 영업 인원 부족으로 인해 전면 대응 역부족
- 콜센터 상담원 불충분하고 교육도 미흡해 고객 대응 차질
- 영업 인력을 일단계로 경력직 위주 충원
- 다른 두 문제는 영업부가 경영진에 보고한 뒤 관련 부서 중심으로 대응책 마련

'불과 다섯 항목이니, 이렇게 병렬형으로 열거해도 무방하지 않나?' 이건 자기중심적인 사고다. 네 항목이라도 가능하면 구조화해야 한다. 그러면 읽는 사람이 내용을 한눈에 파악할 수 있다.

구조화는 ①문단 구성, ②문단 내 정보 층위에 따라 배치

저자는 구조화를 '단계 구성'이라고 설명했다. 나는 이를 두 층위로 나눠 설명한다. 첫째는 문단 구성이고, 둘째는 문단 내 정보의 위계에 따른 배치다.

앞 세 항목과 뒤 두 항목으로 각각 두 개의 문단을 구성할 수 있다. 문단을 구분한 다음에는 각 문단 내 정보를 단계에 따라 배치해야 한다. 그런데 각 문단의 세 항목과 두 항목은 병렬적이고 위계가 없다. 이런 경우에는 각각 세 항목과 두 항목의 윗단계 범주를 잡아서 써야 한다. 상위 범주 설정은 목차를 정하는 일과 비슷하다.

첫째 상위 범주는 '현황 및 문제점' 정도가 적합하겠고, 둘째 상위 범주는 '대응 방안'이 좋겠다. 두 범주를 1단에, 하위 내용을 2단에 표 형식으로 정리하면 다음과 같이 된다.

현황 및 문제점	경쟁사 신상품이 인기를 끌면서 우리 회사 상품 고전
	영업 인원 부족으로 인해 전면 대응 역부족
	콜센터 상담원 불충분하고 교육도 미흡해 고객 대응 차질
대응 방안	영업 인력을 일단계로 경력직 위주 충원
	다른 두 문제는 영업부가 경영진에 보고한 뒤 관련 부서 중심으로 대응책 마련

내용을 이렇게 나무 구조로 정리해본 경험이 다들 있으리라. 암기 과목을 외울 때 유용한 형식이다. 내용을 줄기와 가지, 잔가지(또는 잎)으로 적으면서 뼈대를 잡아 외우는 일차 공부를 하게 된다. 또 이런 형식의 노트를 여러 차례 보면 각 정보가 구조

속에서 떠오른다. 이런 장점은 보고서에서도 그대로 통한다. 나무 구조로 정리된 보고서는 금세 파악되고 기억에도 더 잘 보관된다.

그러나 이런 장점이 있다고 해서 업무용 문서를 나무 구조로 작성하기는 어렵다. 이 사례는 2단으로 구성되어 있지만, 실제 보고서의 단계는 3단을 기본으로 한다. 3단을 왼쪽부터 줄기, 가지, 잔가지라고 하자. 줄기 하나에 잔가지는 예닐곱이 넘을 것이다. 이때 줄기가 적힌 단은 여백이 너무 많고 잔가지 단은 글자가 너무 많을 것이다. 이를 해소하기 위해 예닐곱 잔가지 중 두어 개를 다음 페이지로 넘길 경우 나무 구조의 시각적 장점이 사라진다. 나무 구조를 한 페이지에 담으면서 잔가지 단에 내용을 다 채워넣겠다고 폰트를 깨알같이 작게 할 수는 없는 노릇이다.

부호와 들여쓰기로 시각화한다

이 상황에서 누군가가 나무 구조를 어느 정도 남기는 절충안을 궁리해냈다. 1단, 2단, 3단을 각각 분리해서 나타내는 대신 2단은 1단보다 조금 더 오른쪽으로 들여 쓰고, 3단은 2단보다 조금 더 오른쪽으로 들여 쓰는 절충안이다. 이때 상위 범주는 하위 항목보다 위에 둔다.

이 절충안을 앞의 2단 구조에 적용하면 다음과 같다.

○ **현황 및 문제점**

　　－ 경쟁사 신상품이 인기를 끌면서 우리 회사 상품 고전

　　－ 영업 인원 부족으로 인해 전면 대응 역부족

　　－ 콜센터 상담원 불충분하고 교육도 미흡해 고객 대응 차질

○ **대응 방안**

　　－ 영업 인력을 일단계로 경력직 위주 충원

　　－ 다른 두 문제는 영업부가 경영진에 보고한 뒤 관련 부서 중심으로 대응책 마련

이 [대안]은 지면의 왼쪽 공간이 허비되는 문제와 오른쪽 공간이 부족한 문제를 해결한다. 1단과 2단을 나타내는 장치는 두 가지다. 하나는 부호이고, 다른 하나는 들여쓰기다. 여기 2단에서는 동그라미(○)와 줄표(-)를 썼는데, 3단일 경우 동그라미 상위 범주에 네모(□) 부호를 활용한다.

여기 개조식의 핵심이 있다. 구성한 단계를 부호와 들여쓰기로 시각화하는 형식이 바로 개조식이다.

문장 완성한 개조식도 가능하다

앞서 개조식이 제각각으로 정의되고 활용되어왔다는 상황을 전했다. 그런 가운데 자리 잡은 오해 중 하나가 '개조식은 각 문장을 명사로 마쳐야 한다'는 지침이다. 물론 명사로 끝낼 수도 있지만, 각 문장을 완성하고 마침표를 찍어도 부호와 들여쓰기로 구조를 시각화했다면 개조식이다.

개조식의 핵심 원리를 이해하고 작성한 보고서를 최근 마주쳐서 반가웠다. 산업통산자원부의 '시스템반도체 생태계 강화 이행전략'(2023.03.16.)이다. 이 자료 중 한 문단은 다음과 같다.

□ 지원전략①: [투자] 세계 최대 규모 '반도체 클러스터' 구축

❶ 세계 최대 클러스터 구축: 300조 원 규모 '시스템 반도체 클러스터' 조성

– 경기 용인시 일원에 2nm 이하 최첨단 반도체 **제조공장 5기를 구축**하고, 국내외 **우수 소부장 팹리스** 기업, **연구소** 등 **최대 150개를** 유치할 계획이다.

❷ 메가 클러스터 구축: 반도체 전체 밸류체인 연계 '메가 클러스터' 구축

– 기존 생산단지(기흥, 화성, 평택, 이천 등)와 인근 소부장 기업 및 판교의 팹리스 밸리 간 연계를 통해 **메모리–파운드리–팹리스– 소부장**이 집적한 '**반도체 메가클러스터**'를 **구축**할 계획이다.

– 민간 주도의 설계–제조 공동 연구 개발(R&D)과 상생협력을 바탕

으로 시스템반도체 설계를 위한 **핵심 요소기술(설계IP 등)을 확보**하고,

– 반도체 FAB을 활용한 **소부장 제품 공동개발 및 양산 테스트**도 지원하기로 하였다.

이 자료는 1단과 2단은 명사로 마쳤지만, 3단은 문장을 완성해 구성했다. 3단의 각 문장은 '계획이다', '계획이다', '하였다'로 끝냈다.

흥미로운 점은 앞서 소개한 『초·개조쓰기』에서 문장을 명사로 마치지 말라고 조언한다는 것이다. 책에서는 '비용 감소'라고 문장을 끝낼 경우 시제도 불분명하고 감소했다는 것인지 감소시킨다는 것인지도 모호하다고 설명한다. 명사 종결은 개조식의 핵심 사항이 아니다. 선택지 중 하나일 뿐이다.

다른 오해는 '개조식은 한 문장이 한 행, 길어도 두 행 이내이어야 한다'는 주장이다. 그런 형식주의는 적절한 조언이 아니다. 형식은 내용에 입히는 옷이라고 생각해야지, 형식의 틀을 정해두고 내용을 거기에 맞추면 안 된다. 필요하면 세 행 이상의 문장도 쓸 수 있다.

또 다른 오해는 '개조식은 접속사 없이 써야 한다'는 것이다. 개조식 자료를 보면 이 지침에 따른 듯한 사례가 자주 보인다. 예를 들어 문재인 정부의 '국정운영 5개년 계획'은 193쪽 분량에 접속사가 거의 없다. '그러나'가 한 번도 쓰이지 않았다. '따

라서'는 단 한 번 들어갔다.

그러나 모든 글에는 접속사를 쓸 수 있다. 접속사가 문제 되는 것은 부적절하게 남발됐기 때문이다. 산자부의 같은 자료는 '아울러', '특히', '다만' 등 접속사를 적절히 활용했다. 참고하기 바란다.

개조식은 구조를 보여주는 장점이 있지만, 술술 읽히지 않는 단점도 있다. 대외 자료는 개조식보다 서술식이 적합하다. 내부 보고서를 개조식으로 쓴다면, 제대로 쓰자. 문단 단위로 구조를 잡는 일이 기본이다. 개조식은 그 기본에 입힌 형식이다.

첨삭 연습 1: 개조식 구성

개조식은 문단 단위 서술을 기본으로 한다. 문단 내 내용은 가능하면 위계에 따라 배치한다. 아울러 필요한 곳에 범주에 해당하는 목차명을 부여한다.

이를 다음 [원문]을 고치면서 익혀보자.

원문

□ 제도 변화

○ 「대기관리권역의 대기환경개선에 관한 특별법」 제정('19.4.2)에 따라 현재 수도권 지역에 대해서 적용되는 오염물질 총량제가

    – 수도권 외 사업장 밀집지역 등에서도 시행되고 총량관리사업장에 대해서는 총량관리 오염물질을 배출하는 모든 굴뚝에 원격측정기기 부착 의무화 예정(동법 제17조 5항)

    – 수도권대기환경청은 법 시행('20.4) 이전 조기 설치 중소기업

을 대상으로 원격측정기기 설치 운영비를 지원할 계획

– 우리 회사는 총량관리사업장으로 원격측정기기 의무화 대상
이며, 기한 내에 기기를 설치함으로써 최대 2억 원을 지원받을
수 있을 것으로 판단

다음이 첫 문단으로 구성할 문장이다. 정보량이 많고 분량이
길다.

「대기관리권역의 대기환경개선에 관한 특별법」 제정('19.4.2)에 따라 현
재 수도권 지역에만 적용되는 오염물질 총량제가 수도권 외 사업장 밀
집지역 등에서도 시행되고 총량관리사업장에 대해서는 총량관리 오염
물질을 배출하는 모든 굴뚝에 원격측정기기 부착 의무화 예정

관련 법 제정에 따른 변화는 두 가지로, 다음과 같다.

– 현재 수도권 지역에만 적용되는 오염물질 총량제가 수도권 외 사업장
밀집지역 등에서도 시행
– 총량관리사업장에 대해 총량관리 오염물질을 배출하는 모든 굴뚝에
원격측정기기 부착 의무화

키워드를 뽑아 두괄식으로 재구성

....

첫 문장을 여러 문장으로 나누어 문단으로 변환하면 좋다. 문단은 안내형으로 구성한다. 첫 행에 담을 키워드로 '확대'와 '강화'를 뽑을 수 있다. 주어는 '오염물질 관리'로 잡으면 된다.

추가로 정리할 부분이 긴 법령명이다. 이 긴 법령명을 어깨주로 내리면 첫 문장이 간결해진다. [원문]과 [대안 1]을 비교해서 살펴보자.

원문

☐ **제도 변화**

    ○ 「대기관리권역의 대기환경개선에 관한 특별법」 제정('19.4.2)에

        따라 현재 수도권 지역에만 적용되는 오염물질 총량제가

        - 수도권 외 사업장 밀집지역 등에서도 시행되고 총량관리 사업

          장에 대해서는 총량관리 오염물질을 배출하는 모든 굴뚝에 원

          격측정기기 부착 의무화 예정(동법 제17조 5항)

(하략)

대안 1

☐ **제도 변화**

    ○ 관련 법* 제정으로 오염물질 관리 확대 · 강화

        - 오염물질 총량제는 현재 수도권 지역에만 적용되는데 향후 수

도권 외 사업장 밀집지역 등에서도 시행되고

– 총량관리사업장의 경우 총량관리 오염물질을 배출하는 모든

굴뚝에 원격측정기기 설치 의무화[**]

* 「대기관리권역의 대기환경개선에 관한 특별법」('19.4.2. 제정)
** 동법 제17조 5항

(하략)

문단 구성 작업을 더 해야 한다. '수도권대기환경청은 법 시행 ~ ' 문장을 별도 문단으로 독립시켜야 한다. 이 별도 문단은 한 문장으로 이루어진다. 가끔은 한 문장도 한 문단을 구성할 수 있다. 아울러 별도 문단의 내용을 목차명에 추가해야 한다. 이를 반영한 [대안 2]는 다음과 같다.

대안 2

□ **제도 변화 및 지원 내용**

○ 관련 법[*] 제정으로 오염물질 관리 확대 · 강화

– 오염물질 총량제는 현재 수도권 지역에만 적용되는데 향후 수

도권 외 사업장 밀집지역 등에서도 시행되고

– 총량관리사업장의 경우 총량관리 오염물질을 배출하는 모든

굴뚝에 원격측정기기 설치 의무화[**]

* 「대기관리권역의 대기환경개선에 관한 특별법」('19.4.2. 제정)
** 동법 제17조 5항

○ 수도권대기환경청은 법 시행('20.4) 이전 조기 설치 중소기업을

대상으로 원격측정기기 설치·운영비를 지원할 계획

    – 우리 회사는 총량관리사업장으로 원격측정기기 의무화 대상

    이며, 기한 내에 기기를 설치함으로써 최대 2억 원을 지원받을

    수 있을 것으로 판단

중요한 내용은 별도의 상위 문단으로 배치

[대안 2]에서 가장 중요한 내용이 끝부분에 있다. 이 내용 역시 별도의 문단으로 구성해야 한다. 이 내용은 앞 문장보다 상위의 문단으로 배치하면 더 눈에 띈다. [대안 2]와 [대안 3]을 비교해보자. [대안 3]이 최종 수정안이다.

대안 3

□ **제도 변화 및 지원 내용**

  ○ 관련 법* 제정으로 오염물질 관리 확대·강화

    – 오염물질 총량제는 현재 수도권 지역에만 적용되는데 향후 수

    도권 외 사업장 밀집지역 등에서도 시행되고

    – 총량관리사업장의 경우 총량관리 오염물질을 배출하는 모든

    굴뚝에 원격측정기기 설치 의무화

    * 「대기관리권역의 대기환경개선에 관한 특별법」('19.4.2. 제정)
    ** 동법 제17조 5항

○ 수도권대기환경청은 법 시행('20.4) 이전 조기 설치 중소기업을 대상으로 원격측정기기 설치·운영비를 지원할 계획

□ **우리 회사 대응·활용 방안**

○ 우리 회사는 총량관리사업장으로 모든 굴뚝이 원격측정기기 의무화 대상

○ 기한 내에 원격측정기기를 설치함으로써 최대 2억 원을 지원받을 수 있을 것으로 판단

문단 단위 구조화와 개조식 표현은 두 단계로 이루어진다. 첫째, 문단 구성이다. 둘째, 가능하면 문단의 내용을 위계에 따라 두괄식으로 짜임새 있게 배치하면서 목차명을 잡는다. 다음에서 상세히 살펴보자.

첨삭 연습 2: 문단 구성과 목차 작성

업무용 문서를 짜임새 있게 구조화하는 작업은 두 단계로 이루어진다. 첫째는 문단 구성이고, 둘째는 내용의 위계에 따른 배치다.

당신은 패션 회사 기획팀에서 근무한다. 벤치마킹할 글로벌 기업들의 특장점에 대한 보고서를 쓰고 있다. 그중 한 부분은 다음 [원문]을 활용해서 작성하기로 했다. 어떻게 정리하면 좋을까?

원문

인디텍스는 자라 브랜드를 앞세운 세계 최대 패션 기업으로 2020년 2월 현재 96개국에 진출해 7,400개가 넘는 매장에서 의류를 판매한다.

인디텍스는 소비자의 반응에 대응해 신속하게 생산함으로써 매출을 늘리면서 재고는 최소화하는 특유한 비즈니스 모델을 창안해 운영하고 있다. 다른 패션회사들은 시즌에 맞춰 1년에 서너 번 의류를 대량 제조해 공급하는 반면, 인디텍스는 일주일에 2~3회 주기로 새롭고 다른 의류를 제공한다.

소규모 물량을 먼저 내놓은 뒤 소비자 반응을 파악하고 이를 반영해 기민하게 생산해낸다. 그래서 디자인에서 매장에 놓이기까지 15일밖에 걸리지 않는다. 새로운 스타일의 경우 5일이면 기본형을 만든다. 또 제조의 60% 이상을 가까운 곳에서 수행한다. 원단과 재료의 60%를 본사 가까이에서 조달한다.

인디텍스는 자라 외에 자라홈, 마시모두띠, 버시카, 풀앤베어, 스트라디바리우스, 우테르케 등의 브랜드를 운영한다. 인디텍스의 제조 협력사의 7,000여 개 공장은 스페인, 포르투갈, 터키, 모로코에 있다. 자라의 재고율은 15%로 경쟁사 H&M의 45%를 큰 격차로 앞선다.

내용의 범주를 파악해 목차에 반영

[원문]의 문단은 내용과 형식이 상응하는 문단으로 재구성해야 한다. 재구성을 위해 각 부분에 서술된 내용의 범주를 다음과 같이 괄호로 표시할 수 있다. 범주 파악은 보고서로 정리할 때 목차 작성에 활용된다.

(회사 개요) 인디텍스는 자라 브랜드를 앞세운 세계 최대 패션 기업으로 2020년 2월 현재 96개국에 진출해 7,400개가 넘는 매장에서 의류를 판매한다.

(비즈니스 모델) 인디텍스는 소비자의 반응에 대응해 신속하게 생산함으로써 매출을 늘리면서 재고는 최소화하는 특유한 비즈니스 모델을 창안해 운영하고 있다. **(공급주기 혁신)** 다른 패션회사들은 시즌에 맞춰 1년에 서너 번 의류를 대량 제조해 공급하는 반면, 인디텍스는 일주일에 2~3회 주기로 새롭고 다른 의류를 제공한다.

소규모 물량을 먼저 내놓은 뒤 소비자 반응을 파악하고 **(신속 생산체제)** 이를 반영해 기민하게 생산해낸다. 그래서 디자인에서 매장에 놓이기까지 15일밖에 걸리지 않는다. 새로운 스타일의 경우 5일이면 기본형을 만든다. 또 제조의 60% 이상을 가까운 곳에서 수행한다. 원단과 재료의 60%를 본사 가까이에서 조달한다.

(보유 브랜드) 인디텍스는 자라 외에 자라홈, 마시모두띠, 버시카, 풀앤베어, 스트라디바리우스, 우테르케 등의 브랜드를 운영한다. **(생산체제의 일부)** 인디텍스의 제조 협력사의 7,000여 개 공장은 스페인, 포르투갈, 터키, 모로코에 있다. **(비즈니스 모델의 성과)** 자라의 재고율은 15%로 경쟁사 H&M의 45%를 큰 격차로 앞선다.

[원문]의 맨 끝 문단에 있는 브랜드 소개 문장이 어울리는 범주는 '회사 개요'다. 따라서 이 문장은 글의 앞부분으로 재배치

하면 좋다. 낮은 재고율로 대표되는 비즈니스 모델의 성과는 '비즈니스 모델' 범주에 속한다. 이러한 방식으로 범주와 문단을 재구성하면 다음과 같다.

문단 구성

(회사 개요) 인디텍스는 자라 브랜드를 앞세운 세계 최대 패션 기업으로 2020년 2월 현재 96개국에 진출해 7,400개가 넘는 매장에서 의류를 판매한다. **(보유 브랜드)** 인디텍스는 자라 외에 자라홈, 마시모두띠, 버시카, 풀앤베어, 스트라디바리우스, 우테르케 등의 브랜드를 운영한다.

(비즈니스 모델) 인디텍스는 소비자의 반응에 대응해 신속하게 생산함으로써 매출을 늘리면서 재고는 최소화하는 특유한 비즈니스 모델을 창안해 운영하고 있다. **(비즈니스 모델의 성과)** 자라의 재고율은 15%로 경쟁사 H&M의 45%를 큰 격차로 앞선다.

(공급주기 혁신) 다른 패션회사들은 시즌에 맞춰 1년에 서너 번 의류를 대량 제조해 공급하는 반면, 인디텍스는 일주일에 2~3회 주기로 새롭고 다른 의류를 제공한다. 이처럼 소규모 물량을 먼저 내놓은 뒤 소비자 반응에 따라 공급량을 조절한다.

(신속 생산체제) 인디텍스는 신속 생산체제를 기민하게 가동해, 디자인부터 매장 진열까지 15일이면 끝마친다. 새로운 스타일의 경우 5일이면 기본형을 만든다. 또 제조의 60% 이상을 가까운 곳에서 수행한다. **(생산 체제의 일부)** 인디텍스의 제조 협력사의 7,000여 개 공장은

스페인, 포르투갈, 터키, 모로코에 있다. 원단과 재료의 60%를 본사 가까이에서 조달한다.

이제 비즈니스 모델 이후 부분을 층위(단)에 따라 정돈해보자. 1단은 '인디텍스 특유의 재고 최소화 공급·생산시스템'이다. 2단은 '내용과 성과', '공급주기 혁신', '신속 생산체제'다. 이를 아래와 같이 각 동그라미(○)에 붙인 내용과 성과, 공급주기 혁신, 신속 생산체제로 표기했다. 일반적인 목차와 달리 하위 내용과 같은 행에 적는 이런 목차를 편의상 간이목차라고 부르자. 간이목차는 보고서 지면 공간을 효율적으로 활용하는 데 유용하다. 세부 내용은 3단에 서술했다.

□ **인디텍스 특유의 재고 최소화 공급·생산시스템**

    ○ **(내용과 성과)** 소비자의 반응에 맞춰 생산함으로써 매출을 늘리면서 재고 최소화

        – 자라의 재고율은 15%로 경쟁사 H&M의 45%를 큰 격차로 앞서

    ○ **(공급주기 혁신)** 1년에 서너 번 대량 공급 → 일주일 2~3회 다품종 소량 공급

        – 소규모 물량을 먼저 내놓은 뒤 소비자 반응에 따라 생산량을 조절

    ○ **(신속 생산체제)** 디자인부터 매장 진열까지 15일 완료*

        – 제조의 60% 이상을 가까운 곳에서 수행: 제조 협력사의 7,000여 개 공장은 스페인, 포르투갈, 터키, 모로코 소재

- 원단과 재료의 60%를 본사 가까이에서 조달

＊ 새로운 스타일은 5일이면 기본형 제조

개조식 작업의 두 가지 키워드는 '범주'와 '위계'다. 먼저 내용을 범주에 따라 문단으로 묶는다. 그러면서 목차에 담을 키워드를 정리한다. 이어 내용을 위계에 따라 배치하면 된다.

첨삭 연습 3: 목차명과 내용 일치

'이 책은 왜 첨삭으로 보고서 쓰는 기법을 공유하나? 모범 보고서를 하나 공유하면 되지 않나?' 이런 독자의 의문에 답변할 때가 된 듯하다.

'하나를 배우면 열을 안다'는 속담이 있다. 그러나 글쓰기에서는 '모범 하나를 제시받은 뒤 열을 써내는' 사람은 없다. 그와 반대로 '모범 하나를 참고해 열 명이 작성한 보고서에는 열 가지 오류가 빚어진다'는 말이 더 현실을 반영한다.

보고서 작성의 범위를 목차로 좁혀도 이 현상은 동일하게 나타난다. 제시된 모범 목차를 앞혀놓고 내용을 기계적으로 채워넣으면 목차와 내용이 불일치하는 곳이 발생할 수 있다.

어떤 서비스를 최초로 기획하고 그 서비스를 실행하기 위해 보고서를 작성한 공무원이 있다고 하자. 그 공무원은 기존 보고서의 목차를 활용해 보고서를 정리했다. 보고서의 한 목차명과 내용은 다음과 같다.

☐ 기존 사업 실적

○ 없음

전혀 필요하지 않은 두 줄이다.

다음으로 보고서에서 종종 보이는 목차명과 내용 불일치를 살펴보자. 다음은 한 지방자치단체의 협업행정 추진 계획 보고서 중 한 문단이다. 목차명과 내용이 대응하는지 검토해보자.

☐ **추진성과 평가 및 환류**

○ (시기) 2022. 12.

○ (방법) 평가지표에 따른 협업과제 추진실적 평가

※세부지표 별도수립

○ (내용) 협업과제 발굴 · 제출 건에 대한 부서평가

○ (소요예산) 4,900천 원

– 과제별 포상 / 포상금액 내 참여부서 기여도에 따른 차등 지급

구분	계	최우수	우수	장려
협업과제 수 (건)	5	1	2	2
포상금 (천 원)	4,900	1,500	각 1,000	각 700

'성과 평가'는 내용에 있다. '환류'는 어디에 있나? 환류還流

는 어려운 단어다. 사전을 찾아보면 다음 세 가지 의미로 활용된다.

1. **(기본 의미)** 물 또는 공기의 흐름이 방향을 바꾸어 되돌아 흐름. 또는 그런 현상.
2. 지리 적도 해류(赤道海流)가 대륙 또는 섬을 만나서 둘로 나뉘어 극지방을 향하여 점차 동쪽으로 흐르는 난류.
3. 화학 가열로 생긴 증기를 응축하여 다시 본래의 위치로 되돌리는 화학 실험 방법.

세 가지 의미 중 이 문단의 목차명에 적합한 것은 없다. 다만 『행정학 용어 사전』(행정학용어 표준화연구회, 2011)에 따르면 환류는 피드백을 가리키는 용어로 쓰인다. 정책을 수립해 집행한 뒤 대상자의 반응이나 요구를 반영해 정책을 수정하는 과정을 환류라고 한다. 이 사전의 설명은 다음과 같다.

> 행정학에서 '환류'라 하면 조직을 개방체계(open system)로 보아 조직에서 내보낸 산출(産出)이 환경에 영향을 주고 그것이 다시 조직 안으로 투입되어 '환경으로 산출 → 조직에로 투입'이라는 반복적 과정이 계속해서 이루어지는 현상을 두고 말한다.

이러한 의미를 고려하더라도 '환류'는 내용상 이 목차에 적합하지 않다. 적절하면서도 쉬운 목차는 다음과 같다.

　　□ 추진 성과 평가 및 포상

　개조식에서 두 가지 주요 작업, 즉 문단 구성과 문단의 범주 (목차명) 작성은 맞물려서 이뤄진다. 이를 다음과 같이 작성된 한 광역지방자치단체 보고서의 요약문을 읽어보면서 생각해보자. 착안점은 목차명과 내용이 대응하는지 여부이다.

원문

○○○○년도 □□사업 종합평가 계획(요약)

- □ **대상기간**: ○○○○. 1. 1. ~ 12. 31.
- □ **평가대상**: 157개 부서 · 기관 588개 사업
- □ **평가항목**: 성격평가(30점), 목표달성도(70점), 가감점(±4점)
- □ **평가절차 및 방법**
  - ○ **(1단계)** 통합사업성과관리시스템 입력 / 자체평가서 제출 **【사업부서/실·국·본부】**
  - ○ **(2단계)** 확인평가 **【평가부서】**
  - ○ **(3단계)** 위원회 분과별 심의 **【업무평가위원회(분과회의)】**
  - ○ **(4단계)** 위원회 심의 **【업무평가위원회(전체회의)】**
- □ **평가등급**: 5등급(매우 우수, 우수, 보통, 미흡, 매우 미흡)

※ **(점수적용)** 상반기 평가 20% + 하반기 평가 80%

□ **인센티브 및 페널티 부여**

　○ **(사업별 인센티브)** PM 및 담당자 실적가점(「매우 우수」 4점, 「우수」 3점)

　⇒ 실적가점 부여(1인 최대 가중치 50%) 또는 인사포인트 등 선택

　○ **(우수부서 인센티브)** 우수 부서 선정시 □□사업 평가결과 60% 반영

　⇒ 우수 부서 전체 20%(30여 개 부서) ±300만 원 내외 포상금 차등 지급

　○ **(평가결과 성과계약평가에 반영)** 4급 이상 40%, 5급 50%

　○ **(페널티)** '매우 미흡' 사업(인사 참고자료 제공), 부진대책 수립

(하략)

'평가절차 및 방법'이라는 목차명이 그 아래 내용과 일치하나? '평가절차'로 충분하지 않나? 그렇다면 '방법'이라는 단어는 이 목차명에서 지우는 편이 낫다.

추가로 손댈 부분이 있다. 각각 네모(□) 다음에 서술된 '평가항목', '평가등급'과 ※에 있는 '점수적용'이다. 이들 내용은 '평가방법'이라는 범주이자 목차명 아래 배치되어야 한다. 순서도 바꿔야 한다. 평가항목과 점수적용을 거쳐서 평가등급이 나오니, 그 순서로 재배치해야 한다. 더 있다. [원문]은 상반기와 하반기 비중을 '점수적용'이라는 범주 간이목차 다음에 서술했다.

이보다는 '기간 가중치' 정도가 더 적합하다. [대안]에서 이를 확인해보자.

대안

○○○○년도 □□사업 종합평가 계획(요약)

□ **대상기간**: ○○○○. 1. 1. ~ 12. 31.

□ **평가대상**: 157개 부서 · 기관 588개 사업

□ **평가방법**

  ○ 평가항목: 성격평가(30점), 목표달성도(70점), 가감점(±4점)

  ○ 기간 가중치: 상반기 평가 20% + 하반기 평가 80%

  ○ 평가등급: 5등급(매우 우수, 우수, 보통, 미흡, 매우 미흡)

□ **평가절차**

  ○ **(1단계)** 통합사업성과관리시스템 입력 / 자체평가서 제출

  【사업부서/실·국·본부】

  ○ **(2단계)** 확인평가 **【평가부서】**

  ○ **(3단계)** 위원회 분과별 심의 **【업무평가위원회(분과회의】**

  ○ **(4단계)** 위원회 심의 **【업무평가위원회(전체회의】**

□ **인센티브 및 페널티 부여**

  ○ **(사업별 인센티브)** PM 및 담당자 실적가점(「매우 우수」 4점, 「우수」 3점)

  ⇒ 실적가점 부여(1인 최대 가중치 50%) 또는 인사포인트 등 선택

○ **(우수부서 인센티브)** 우수 부서 선정시 □□사업 평가결과 60%
　　반영

⇒ 우수 부서 전체 20%(30여 개 부서) ±300만 원 내외 포상금 차
　　등 지급

○ **(평가결과 성과계약평가에 반영)** 4급 이상 40%, 5급 50%

○ **(페널티)** '매우 미흡' 사업(인사 참고자료 제공), 부진대책 수립

(하략)

목차는 보고서의 장식이 아니다. 보고서 내용을 안내하는 요
소이고 그 아래 내용을 아우르는 범주이어야 한다. 이를 이해하
지 않은 채 보고서를 작성하는 직장인이 적지 않다. 심지어 아
예 목차를 붙이지 않은 사례도 간혹 보인다.

다음은 한 광역 지자체의 '공단 통근버스 운행 사업' 보고서
중 일부다.

원문

□ **운행방안**

○ **운행대수**: 2개 노선, 45인승 2대

○ **버스조달**: 임차 용역, 전자 입찰

○ **노선**: 산업단지와 연계되는 대중교통
　　정류소에서 산업단지 내 최단거리 운행

○ **운행시간**: 출·퇴근시간대 집중 배차

- 이용객 확보를 위한 홍보활동 전개
  - 기업체 사업주, 근로자를 대상으로 수요조사 실시
  - 주요 도로변 현수막 설치, 버스노선표 제작 및 배부
  - 유관기관 홈페이지에 배너 및 팝업창 홍보
  - 산업단지 내 입주업체의 각종 회의 시 홍보
- 이용편의 제고를 위한 운행상황 점검
  - 합승구간별 모니터링 실시: 승차인원 등 파악
  - 모니터링 결과 이용객 수가 적은 노선은 구간 조정
  - 순환버스 이용자 불편사항 접수 및 개선
  - 정류장 표지판 안전점검 실시 등

'운행시간' 아래 10행은 해당 범주에 속하지 않는다. 이들 내용 위에는 별도의 범주이자 목차명을 잡아줘야 한다. 내용을 추린다고 생각하면 된다.

대안

□ **운행방안**
- ○ **운행대수**: 2개 노선, 45인승 2대
- ○ **버스조달**: 임차 용역, 전자 입찰
- ○ **노선**: 산업단지와 연계되는 대중교통
  정류소에서 산업단지 내 최단거리 운행
- ○ **운행시간**: 출·퇴근시간대 집중 배차

□ **사전 홍보 및 운행 이후 점검 사항**

○ 이용객 확보를 위한 홍보활동 전개

– 기업체 사업주, 근로자를 대상으로 수요조사 실시

– 주요 도로변 현수막 설치, 버스노선표 제작 및 배부

– 지자체 유관기관 홈페이지에 배너 및 팝업창 홍보

– 산업단지 내 입주업체의 각종 회의 시 홍보

○ 이용편의 제고를 위한 운행상황 점검

– 합승구간별 모니터링 실시: 승차인원 등 파악

– 모니터링 결과 이용객 수가 현저히 적은 노선은 구간 조정

– 순환버스 이용자 불편사항 접수 및 개선

– 정류장 표지판 안전점검 실시 등

글의 본문은 두 종류로 구성된다. 하나는 안내 문장이고 나머지는 내용이다. 안내 문장은 축약하면 목차명이 된다. 안내 문장 없이 본문만 배치하면 내용이 제대로 전달되지 않는다. 목차 없는 내용도 마찬가지다. 목차명을 내용에 대응하는 적절한 문구로 작성하자.

첨삭 연습 4: 인트로 작성

글의 본문은 안내 문장과 내용으로 구성된다. 간단한 사실이다. 그러나 이를 모른 채 안내문을 누락하는 필자가 적지 않다.

앞서 2장 2절에서 안내문을 설명했다(76쪽 참조). 문단의 첫 문장으로 배치된 안내문은 그 문단에 담긴 내용을 소개한다며, 그 예로 '대전시가 지역 발전을 위해 대덕특구와의 인적·조직적 교류와 협업에 나섰다'를 들었다. 안내문은 목차에 해당한다. 이를 목차로 전환하면 '대전시-대덕특구 인적·조직적 교류와 협업' 정도가 된다.

왜 앞서 서술한 내용을 반복할까? 직장인은 때로 서술형 보고서를 작성해야 한다. 또 회사 간행물에 필진으로 참여하기도 한다. 이때 안내문의 개념을 알면 서술형 보고서를 완성도 높게 작성할 수 있다. 또는 단행본을 더 짜임새 있게 편집할 수 있다.

인트로는 챕터 전체를 안내한다

우선 사례를 하나 살펴보자. 내가 번역해서 나온 책 『인구 대역전』(찰스 굿하트 등, 2021)의 3장 '인구변동의 대역전과 성장에 드리운 그림자'는 목차명 아래 다음과 같은 인트로가 서술됐다.

> 우리는 이 장을 열며 지난 약 35년 동안 영향을 미친 인구변동의 스위트 스폿이 세계 산업 복합체에서 어떻게 약해질지 보여주고자 한다. 중국의 노동력 감소는 지난 수십 년간 중국이 기여한 세계 노동력의 역사적인 급증과 대비된다. 다음으로 인구변동의 주기를 소개하고 양상을 전하고, 끝으로 인구변동이 미래 성장에 미칠 영향을 논의한다. 인구변동의 인플레이션에 대한 영향은 5장으로 넘기고, 금리에 대한 영향은 6장에서, 불평등에 대한 영향은 7장에서 다룬다.

여기서 잠시 이 절에서 '인트로'라는 단어가 어떻게 활용되는지 정의한다. 통상 인트로_{intro}는 인트로덕션_{introduction}의 줄임말로, 음악의 도입부에서 유래해 글의 도입부, 책의 도입부(서문)을 가리키는 데 쓰인다. 글 도입부와 책 도입부의 역할 중 하나는 독자 유인이다. 그래서 인트로에는 수사법과 스토리텔링 기법 등이 구사된다. 그에 비해 여기서 논의하는 인트로는 챕터를 안내하는 역할에 충실한 요소다. 본문에서 안내문이 문단을 소개한다면, 챕터에서 인트로는 그 장을 안내한다.

이를 앞 인트로에서 확인해보자. 앞 인트로는 3장의 내용을 개괄한다. 이어 이 주제를 이 장에서 전부 다루지 않고, 이후 몇 개 장에서 전망한다고 안내한다.

인트로가 없는 글은 불친절하다

그러나 저 책에는 인트로 없이 바로 세부 내용으로 들어가는 챕터도 있다. 이런 챕터의 첫머리를 마주친 독자는 챕터가 어떻게 구성됐는지 정보를 받지 못한 채 첫 절을 읽게 된다. 비유하면 빌딩 엘리베이터가 열렸는데 가장 가까운 호실만 안내된 상황에 놓인다. 해당 층에 무슨 부서가 있으며 자신이 관심을 둔 부서는 그 층의 어디에 있는지 알지 못해 답답해진다.

이런 구성에는 두 가지 문제가 있다. 첫째, 일관성 결여다. 어떤 챕터에는 인트로가 있고 어떤 챕터에는 없어서 일관성이 없다. 이보다 더 큰 둘째 문제는 불친절함이다. 글이 안내와 내용으로 구성된다는 사실에 비추어, 인트로가 없는 챕터는 불친절하다. 해당 챕터를 펼친 독자 중 정독하는 사람은 인트로가 없다는 사실을 확인하고 목차로 돌아가서 구성을 확인한다. 번거롭다.

인트로 사례를 하나 더 소개한다. 「국민계정리뷰」 2019년 제2호에 실린 '글로벌 생산에 대한 최근 국제적 논의 현황' 자료다. 이 보고서의 2장 '주요 논의내용'에는 다음 인트로가 배치됐다.

> 2019년 스위스 제네바에서 개최된 18차 국민계정 전문가 회의에서는 글로벌 생산 측정에 대한 각국 간의 경험, 데이터의 대내외적 공유, 디지털화에 대한 연구 등과 같은 이슈가 논의되었다.

독자께서는 업무상 외부 보고서를 볼 일이 있으실 게다. 그럴 때면 인트로와 안내문의 관점에서 챕터의 도입부와 문단의 첫 문장을 살펴보자. 그런 관점은 자신이 보고서를 작성할 때 인트로와 안내문을 제대로 구사하는 밑바탕이 된다.

인상에 남는 안내문 쓰기

안내문에는 주로 평서문이 쓰이지만, 의문문도 제 역할을 한다. 의문형 안내문은 독자의 관심을 불러일으키는 효과가 있다.

평서문 이제 영국이 불패의 해군을 육성한 배경을 살펴보자.

의문문 영국은 어떻게 불패의 해군을 육성할 수 있었을까?

한 권 전체를 의문문과 그에 대한 답변 형식으로 서술한 책도 있다. 『당신이 경제학자라면』(팀 하포드, 2014)이다.

안내문 관련 추가 팁을 소개한다. 앞서 구조화 문단의 두 유형 중 하나로 안내형을 설명했다. 안내 문장으로 문단을 시작했고, 그 문단과 이후 문단들이 안내 문장으로 묶이는 목차 하나를 구성한다고 하자. 그럴 때 목차는 안내 문장을 축약한 구절이 된다. 이 경우 목차와 안내 문장은 중첩된다. 개조식에서는 목차를 그 아래에서 풀어서 서술하지 않는 데 비해, 서술형에서는 목차를 대개 안내문으로 설명한다.

이를 작가이자 편집자인 샌드라 거스Sandra Gerth가 쓴 『첫 문장의 힘』에서 살펴보자.

1막의 역할과 길이

이제 이 책이 다루는 주제에 대해 좀 더 자세하게 살펴보도록 하자. 바로 1막, 즉 이야기의 서두다.

격변의 사건이 갖추어야 할 필수 요소

제 역할을 해내기 위해 격변의 사건은 몇 가지 필수 요소를 만족시킬 필요가 있다.

되돌아가지 못하는 지점이 갖추어야 할 필수 요소

제 역할을 해내기 위해 되돌아가지 못하는 지점은 몇 가지 필수 요소를 만족시킬 필요가 있다.

그렇다면 책을 시작하고 얼마나 빨리 독자를 낚아야 하나?

잊지 말자. 필자는 두 가지 역할을 번갈아 수행해야 한다. 챕터나 문단을 시작할 때에는 안내자, 또는 사회자 역할이 필요한지, 독자 입장에서 자신에게 물어보자.

3장

겹치지 않게
빠짐없이 쓰라

보고서 작성에 유용한 MECE

MECE Mutually Exclusive Collectively Exhaustive 는 글로벌 컨설팅회사 맥킨지가 만든 개념이자 용어다. '미시'라고 읽고 말한다. MECE는 일반 회사 업무에서 널리 활용된다.

MECE는 '상호 배제와 전체 포괄'로 번역된다. [원문]도 어려운데, 번역도 어렵기는 매한가지다. 풀이하면 간단하다. '겹치지 않고 빠짐없이'다. 한자어를 활용하면 '중첩 없고 누락 없이'가 된다.

중첩 없고 누락 없이 구획하기

이를 다음 그림을 놓고 생각해보자. 원의 각 부분이 다른 색으로 표시됐다. 원은 각 부분으로 빠짐없이 나뉘었다. 각 부분은 서로 중첩되지 않는다. 이렇게 전체를 빠짐없고 겹치지 않게 구획하면 MECE 요건이 충족된다.

MECE는 할 일을 겹치지 않고 빠짐없이 망라하는 지침으로 쓰인다. 또는 대상 그룹을 중첩 없고 누락 없이 소그룹으로 나누는 데 활용된다.

이메일 수신에 동의한 고객을 소그룹으로 나눈 다음 각 소그룹에 맞춰서 홍보 이메일을 보낸다고 하자. 나눈 소그룹은 서로 겹치지 않아야 하고 모든 소그룹을 다 모으면 전체가 돼야 한다.

이 경우 소그룹을 '직장인'과 '학생'으로 나누면 어떨까? 두 소그룹에 모두 속하는 고객이 있다. 직장인이면서 대학원에 다니는 고객이다. 두 소그룹은 중첩된 부분이 있다. 달리 표현하면

교집합이 있다. 교집합에 속하는 고객은 '직장인'과 '학생'을 대상으로 한 마케팅 이메일을 두 번 받게 된다.

이 구분에는 누락도 있다. 고객 가운에는 직장인도 학생도 아닌 사람도 있을 것이다. 예를 들어 자영업자도 있고 직업이 없는 사람도 있다. 고객 전체에게 홍보 메일을 보냈다고 생각하지만 자영업자와 구직자한테는 소식이 전해지지 않는다.

고객에게서 이메일 수신 동의를 받을 때 소그룹을 직장인, 자영업자, 학생, 구직자 등으로 나누어 고객이 하나를 선택하도록 하면 중첩도 누락도 발생하지 않겠다.

보고서의 3핵심: 두괄식, 구조화, MECE

MECE 개념이 특히 유용한 업무가 보고서 작성이다. 보고서는 중첩된 내용이 없고, 누락된 사항도 없게 써야 한다. MECE는 두괄식, 구조화와 함께 보고서 작성의 3가지 핵심 지침을 이룬다. 세 지침을 충족하는 보고서는 매우 높은 완성도에 이른다.

다만 '중첩 없이'가 적용되지 않는 부분이 있다. 제목과 부제, 핵심요약문, 목차, 두괄식 문장, 안내문, 인트로 등이다. 이는 보고서를 읽는 이가 핵심을 보다 쉽고 빠르게 파악할 수 있게 만드는 요소에 해당한다. 보고서 내용을 '중첩 없이' 작성하는 것보다 우선 적용하는 지침이다.

MECE 기준 보고서의 네 가지 유형

MECE 측면에서 보고서를 네 가지 유형으로 분류할 수 있다. 네 가지 유형을 이미지로 표시한 다음 그림을 놓고 생각해보자. 사각형이 전체 영역이다.

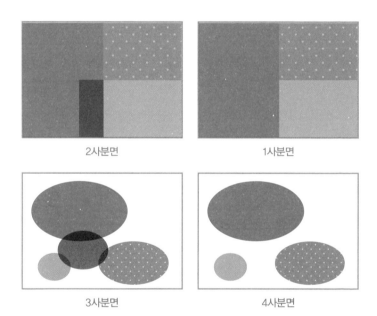

2사분면

1사분면

3사분면

4사분면

1사분면이 중첩도 없고 누락도 없는 모범 유형이다. 2사분면은 중첩은 있어도 누락은 없다. 4사분면은 중첩은 없지만 누락이 있다. 3사분면은 중첩도 있고 누락도 있다.

네 유형 중 최악은 당연히 3사분면이다. 그럼 2사분면과 4사분면 중에서는 어느 쪽이 더 나쁠까? 즉, 중첩은 있어도 누락은 없는 보고서가 더 나쁠까, 아니면 중첩은 없지만 누락이 있는 보고서가 더 나쁠까?

결론부터 이야기하면 중첩보다 누락이 더 나쁘다. 중첩은 있지만 누락은 없는 2사분면 보고서는 통과된다. 결재자가 보고서 작성자에 대해 '요령이 없군'이라고 생각해도 결재를 하는 데에는 문제가 없다. 그러나 중첩은 없어도 누락이 있는 4사분면 보고서는 통과할 수 없다. 중요한 내용을 누락한 채 결재할 경우 업무에 차질이 빚어지거나 필요한 정보가 온전하게 공유되지 않기 때문이다. 따라서 보고서는 빠짐없이 쓰는 데 더 신경을 써야 한다.

중언부언 피하기는 단어부터

끈기력, 터치감. 이 두 단어는 간혹 쓰이는 신조어라고 생각했다. 웬걸, 검색해보니 활자매체에 이들 단어를 활용한 기사가 줄줄이 올라온다. 둘은 군더더기 단어들이다. '끈기'에 역할이 없는 '력'을 덧붙일 이유가 없다. '끈기'의 뜻에 '쉽게 단념하지 아니하고 끈질기게 견디어 나가는 기운'이 있고 유의어가 '지구력'이기 때문이다. '터치감'은 '터치'에 '감'이 덧대진 낱말이다. 말짱한 단어 '촉감'이 있고 '촉감'으로 충분한데도 만들어졌다는 점에서 군더더기 단어다. 한편 '터치감'과 비슷한 계열의 신조어로 '수분감'도 있다. '수분감' 대신 '촉촉함'으로 충분하다.

글에서는 군더더기인 반복이나 중첩을 피해야 한다. 수사적인 목적 등이 아니라면 같은 단어를 반복하면 안 되고, 비슷한 구절을 중첩해서 써도 안 된다. 반복이나 중첩을 피하는 글쓰기는 단어부터 시작해야 한다. 한 글자라도 허투루 붙이면 안

된다.

자신도 모르게 흔히 쓰는 말 가운데 '약 50만 원 정도'라는 중첩 문구가 있다. '약'을 썼다면 '정도'는 필요 없고, '정도'를 쓸 요량이면 '약'을 넣지 않아야 한다. '일환 중 하나'라는 문구도 있다. 예컨대 보도자료에 '○○증권은 비대면 영업 강화 일환 중 하나로 투자자들을 위해 신개념 모바일 트레이딩 애플리케이션MTS을 강화한다'는 문장을 쓰고는 한다. '일환'이 '여럿 가운데 하나'라는 뜻이므로 '일환 중 하나'는 중첩 문구다. 이런 중첩을 의식하지 않는 필자는 나아가 더 큰 서술 단위에서 반복이나 중첩을 저지르게 된다.

우리글에서 자주 덧붙는 한 글자 한자가 '감感', '성性', '적的', '화化'다. 이들 한 글자는 많은 경우에 지워도 되고, 지워야 한다.

'감정' 단어에는 '감'이 불필요

'희열감, 분노감, 환희감, 절망감, 행복감, 불행감, 불만감, 만족감, 기대감, 실망감, 불안감'은 우리가 자주 쓰는 단어다. 모두 '감'이 불필요하다.

희열, 분노, 환희, 절망, 행복, 불행, 불만, 만족, 기대, 실망, 불안 등 모두 감정을 나타내는 단어다. 따라서 '감'을 덧붙일 이유가 없다. 그런데도 '감'을 덧댄 단어를 쓴 문장이 자주 보인다.

같은 맥락에서 '기대'도 '감'이 필요하지 않다.

이를 다음 [원문]과 [대안]을 비교하면서 생각해보자.

원문

– 분기 실적에 대한 실망감으로 주가가 큰 폭 하락했다.

– 수요가 감소하지 않으리라는 기대감이 형성됐다.

대안

– 분기 실적에 대한 실망으로 주가가 큰 폭 하락했다.

– 수요가 감소하지 않으리라는 기대가 형성됐다.

'효율성' 향상 대신 '효율' 향상으로 충분

『표준국어대사전』은 '-성'을 "'성질'의 뜻을 더하는 접미사"라
고 풀이한다. '방향성', '효율성', '필요성' 등은 각각 '방향', '효
율', '필요'라는 그런 성질을 나타내는 낱말이다. 따라서 '방향',
'효율', '필요'를 나타내는 자리에는 그 단어만 쓰면 된다.

원문

– 향후 보험주의 방향성을 결정지을 요인은 비급여 대책의 내용, 미국
금리의 방향성, 한국 금리수익률 곡선 정상화 등으로 압축해볼 수

있다.

- 이번에 새로 출시할 제품은 가격 대비 효율성이 뛰어나기 때문에 고객의 만족도가 높을 것으로 예상된다.
- 내가 원하는 타깃에 원하는 메시지를 쉽게 전달하는 광고를 집행할 필요성이 커질 것으로 판단한다.

대안

- 향후 보험주의 방향을 결정지을 요인은 비급여 대책의 내용, 미국 금리의 방향, 한국 금리수익률 곡선 정상화 등으로 압축해볼 수 있다.
- 이번에 새로 출시할 제품은 가격 대비 효율이 뛰어나기 때문에 고객의 만족도가 높을 것으로 예상된다.
- 내가 원하는 타깃에 원하는 메시지를 쉽게 전달하는 광고를 집행할 필요가 커질 것으로 판단한다.

마찬가지로, '진심'이 있는데 굳이 '진정성'이라고 길게 쓸 이유가 없다.

'적' 뺀 단어가 자연스러운 경우가 많아

'적'도 필요하지 않은 곳에 자주 쓰이는 접미사다. '정책 방향 모색'이라고 하면 될 자리에 '정책적 방향 모색'이라고 쓴다. 군더더기 '-적' 덧붙이기는 있어 보이기 위해 한자투를 덧대던 부적절한 습관의 산물이다.

원문

통화정책은 '돈을 낮은 금리로 빌려줄 테니 빌려가서 쓰라'는 맥락에서 경기부양적인 정책이지만, 어쨌든 빌린 돈은 갚아야 하기 때문에 사업이 잘될 것 같지 않으면 경제주체들은 굳이 돈을 빌려서 위험한 사업을 하려 들지 않는다.

대안

통화정책은 '돈을 낮은 금리로 빌려줄 테니 빌려가서 쓰라'는 맥락에서 경기부양 정책이지만, 어쨌든 빌린 돈은 갚아야 하기 때문에 사업이 잘될 것 같지 않으면 경제주체들은 굳이 돈을 빌려서 위험한 사업을 하려 들지 않는다.

'화' 없이도 그렇게 만들 수 있다

'-화'는 "'그렇게 만들거나 됨'의 뜻을 더하는 접미사"다. 예를 들면, 도시화는 도시처럼 됨을 뜻하고, 전문화는 전문이 됨을 의미한다.

문제는 동사나 형용사에 '-화'를 붙여 명사로 만든 다음에 다시 그 명사를 동사나 형용사로 바꾸는 데서 비롯된다. 다음 사례를 놓고 생각해보자.

- 이분하다(동사) ⇒ 이분화(명사) ⇒ 이분화하다/이분화되다(동사)
- 세분하다(동사) ⇒ 세분화(명사) ⇒ 세분화하다/세분화되다(동사)
- 분절하다(동사) ⇒ 분절화(명사) ⇒ 분절화하다/분절화되다(동사)

'이분화하다'라고 말하는 대신 '이분하다'라고 하면 된다. '세분화하다'보다 '세분하다'가 간결하다. '분절화하다'보다 '분절하다'가 낫다.

원문

- 개인에 맞게 세분화된 이러한 광고 방식은 기존 광고와 많은 차이가 있다.
- 상품과 고객을 여러 항목으로 세분화합니다. 그리고 그 세분화한 항목에 대하여 다시 엄청난 상품정보와 고객정보를 모읍니다.

- 개인에 맞춰 세분한 이러한 광고 방식은 기존 광고와 많은 차이가 있다.
- 상품과 고객을 여러 항목으로 세분합니다. 그리고 그 세분한 항목에 대하여 다시 엄청난 상품정보와 고객정보를 모읍니다.

내가 글에 대해 유독 까탈스러운가 자문할 때가 있다. '감', '성', '적', '화'를 가르칠 때면 그런 생각을 한다. 그러다 마주친 환경부의 광고가 내게 큰 힘을 줬다. 광고 문구는 다음과 같다.

분절된 물관리 퍼즐
2022년 1월 환경부가 완성합니다.

무신경한 대다수 작성자는 '분절화된 물관리'라고 쓴다. 그러나 '분절하다'의 수동형인 '분절되다'를 활용한 '분절된 물관리'로 충분하다.

이 문장을 쓴 환경부 공무원에게 박수를 보낸다. 그 공무원은 공직자로서 모범 문장을 제시했다. 공공 문장은 모방의 대상이 된다는 점에서 반듯하게 작성돼야 한다.

"한 문장에는 불필요한 어휘가 하나라도 있으면 안 되고, 한 단락에는 필요 없는 문장이 하나라도 있으면 안 된다."

이는 영어 글쓰기의 준교과서인 『영어 글쓰기의 기본』(THE

ELEMENTS OF STYLE, 엘윈 브룩스 화이트 등, 2007)에서 제시한 지침이다. 이 지침은 우리글에서는 '한 문장에는 불필요한 부분이 한 글자라도 있으면 안 되고'로 수정되어야 한다. 우리글에서는 단어에 불필요하게 추가된 한 글자가 있다면 그 글자를 지운 원 단어를 써야 한다.

문장에서 반복과 중첩 덜어내기

─────────────────────────────────── ●

윈스턴 처칠이 제2차 세계대전 때 영국 전시내각을 이끌면서 공유한 메모가 있다. 제목은 '간결성'이고, 작성일은 1940년 8월 9일이며, 메모 내용은 다음과 같다.

업무를 처리하기 위해 우리는 많은 서류를 읽어야 합니다. 서류는 대부분 정말 너무 깁니다. 이는 시간 낭비인데, 핵심 포인트를 찾기 위해 에너지를 소모해야 하기 때문입니다. 나는 내 동료와 그들의 참모들이 보고서를 더 짧게 작성하는 데 유념하기 바랍니다.

(i) 주요 포인트를 일련의 짧고 힘 있는 문단에 배치하는 보고서를 작성해야 합니다.

(ii) 복잡한 요인이나 통계를 상세하게 분석해야 한다면 그 부분은 첨부해야 합니다.

(iii) 어떤 상황에서는 다 갖춘 보고서를 제출하는 대신 요점들만 적

은 메모가 최상일 때가 종종 있습니다. 만약 필요하면 메모는 구두 보고로 보충될 수 있습니다.

(iv) 다음과 같은 장황한 표현은 더 이상 쓰지 맙시다. "다음과 같은 고려 사항을 유념하는 일이 중요하다." "효과를 낼 가능성에 대한 고려가 이루어져야 한다." 이런 느슨한 구절 중 대부분은 군더더기에 불과해. 모두 삭제되거나 한 단어로 대체되어도 무방합니다. 짧고 표현력이 있는 구절을 구사하기를 꺼리지 맙시다. 설령 그 구절이 대화체이더라도.

문장을 간결하게 쓰기 위해 기본적으로 따라야 하는 지침이 '반복과 중첩 해소'다. 동일한 단어를 반복하면 그 단어만큼 비효율이 추가된다. 게다가 문장이 단조롭고 답답해진다. 한 문장에 같은 단어를 두 번 쓰지 않았는지 살펴보고 그중 하나를 지우도록 하자.

문장 구조를 3단에서 2단으로 줄이자

다음 두 문장을 보자.

– 새로운 **서비스**는 그동안 고객들이 제기해온 불만 사항을 해결했을 뿐 아니라, 기존에 제공하지 않았던 기능도 제공하는 **서비스**다.

– 우리 회사에서 제공하는 성능 **평가**는 소요되는 시간이 짧고 정확성이 높은 **평가**다.

첫째 문장에서 둘째 '서비스'는 앞에서 이미 나온 단어의 반복이고, 아무런 역할을 하지 않는다. 게다가 수식하는 부분이 둘째 '서비스'로 묶여서 문장이 답답하다. 이 답답함은 문장 구조에서 비롯된다. 문장 구조를 다음과 같이 나타낼 수 있다.

원문

새로운 서비스는	그동안 고객들이 제기해온 불만 사항을 해결했을 뿐 아니라, 기존에 제공하지 않았던 기능도 제공하는	서비스다.

[원문]은 끝이 묶인 3단 구조다. 이를 간결하게 다듬으면 다음과 같이 2단 구조가 된다. [대안]에서 '새로운 서비스'는 비생물 주어로서 문장을 이끈다. 이처럼 반복을 제거하는 작업은 문장의 뼈대를 간결하게 바꾸는 일이 되기도 한다.

대안

새로운 서비스는	그동안 고객들이 제기해온 불만 사항을 해결했을 뿐 아니라, 기존에 제공하지 않았던 기능도 제공한다.

둘째 문장에서 반복된 '평가'는 다음과 같이 정리할 수 있다.

원문

우리 회사에서 제공하는 성능 평가는 소요되는 시간이 짧고 정확성이 높은 평가다.

대안

우리 회사에서 제공하는 성능 평가는 소요되는 시간이 짧고 정확성이 높다.

주어 명사를 술어 부분에서 반복해 서술하는 문장 구조는 마치 기본형처럼 활용된다. 다음 예문들이 그 사례다.

원문

법 관련 전문가들의 전유물로 여겼던 **법령문이** 법제처 알법(알기 쉬운 법령) 사업을 거치면서 일반 국민의 눈높이에서 읽고 이해할 수 있는 **법령문으로** 조금씩 변하고 있다.

대안

법 관련 전문가들의 전유물로 여겼던 **법령문이** 법제처 알법(알기 쉬운 법령) 사업을 거치면서 일반 국민의 눈높이에서 읽고 이해할 수 있게끔 조금씩 변하고 있다.

이번에 도착하는 **버스**는 ○○○번 **버스**입니다.

이번에 도착하는 **버스**는 ○○○번입니다.

이 **주차장**은 여성 전용 **주차장**입니다.

이 **주차장**은 여성 전용입니다.

명사는 명사로 받지 말자

이 지침은 '명사를 비슷한 명사로도 받지 말라'로 확장된다. 영어 글쓰기의 준교과서인 『영어 글쓰기의 기본』에도 이 지침이 나온다.

His story is a strange one.

His story is strange.

이**곳**은 우리 민족의 인권을 말살하던 일제의 통감관저 터 인근 부지
로, 근·현대사의 아픔을 간직하고 있는 **장소**입니다.

이 **장소**는 우리 민족의 인권을 말살하던 일제의 통감관저 터 인근 부
지로, 근·현대사의 아픔을 간직하고 있습니다.

중첩 해소라는 측면에서 보면 당대 문장가가 쓴 글에도 고칠
문장이 있다. 다음 두 문장은 이태준의 『문장강화』에서 인용했
다. 여기에서 '것'은 방금 인용된 영어 문장의 'one'에 해당한다.
'그의 이야기는 이상한 것이다' 대신 '그의 이야기는 이상하다'
로 충분하듯, 다음 두 문장 각각에서도 '것이다'가 불필요하다.

말은 사람이 의사를 표현하려는 필요에서 생긴 **것**이다. 그러나 사람의
의식 속에 있는 것을 무엇이나 다 표현해 내는 전능력(全能力)은 없는
것이다.

말은 사람이 의사를 표현하려는 필요에서 **생겼다.** 그러나 사람의 의식 속에 있는 것을 무엇이나 다 표현해 내는 전능력(全能力)은 **없다.**

동일한 단어 반복은 다음 유형으로도 빚어진다. 반복을 아래 [대안]처럼 들어내면 된다.

오작동 발생 빈도는 300~400회당 1회 정도 발생하는 것으로 알려져 있다.

오작동 발생 빈도는 300~400회당 1회 정도로 알려져 있다.

이들 개인음향기기의 문제는 최대 출력이 크게 설정되어 있어서, 음량을 크게 해놓고 오래 들으면 소음성 난청을 유발할 수 있는 문제점이 있다.

이들 개인음향기기의 문제는 최대 출력이 크게 설정되어 있어서, 음량을 크게 해놓고 오래 들으면 소음성 난청을 유발할 수 있다는 것이다.

이제 다음 문장에서 중첩된 부분이 무엇인지 생각해보자.

 – 2020년부터 아세안 주식시장에 활력을 불어넣은 이들 신규투자자의 대부분은 밀레니얼 세대가 주축을 이루고 있다.
 – 무디스의 환경 평가를 위한 세부 항목은 탄소전환, 수질관리, 자연자본, 물리적 기후, 쓰레기 및 공해 등 5가지 요소로 이루어져 있다.

첫째 문장에서는 '대부분'과 '주축'이 겹친다. 이 중첩을 해소한 [대안]을 [원문]과 비교해보자.

원문

2020년부터 아세안 주식시장에 활력을 불어넣은 이들 신규투자자의 대부분은 밀레니얼 세대가 주축을 이루고 있다.

대안 1

2020년부터 아세안 주식시장에 활력을 불어넣은 이들 신규투자자는 대부분 밀레니얼 세대다.

대안 2

2020년부터 아세안 주식시장에 활력을 불어넣은 이들 신규투자자는 밀레니얼 세대가 주축을 이루고 있다.

[대안1]은 중첩을 해소하면서 '신규투자자의 대부분은'을 '신규투자자는 대부분'으로 고쳤다. 이는 명사구를 되도록 덜 쓰고 짧게 쓰면 좋다는 지침에 따른 수정이다.

둘째 문장에서는 '세부 항목'과 '요소'가 중첩이다. 둘 중 '요소'를 지우면 된다.

원문

무디스의 환경 평가를 위한 세부 항목은 탄소전환, 수질관리, 자연자본, 물리적 기후, 쓰레기 및 공해 등 5가지 요소로 이루어져 있다.

대안

무디스의 환경 평가를 위한 세부 항목은 탄소전환, 수질관리, 자연자본, 물리적 기후, 쓰레기 및 공해 등 5가지로 이루어져 있다.

'의하면' 또는 '따르면'을 활용한 문장에서 중첩이 자주 발견된다. '의하면'이나 '따르면' 다음에는 별도 문장을 구성해야 한다. 아래 예문의 '고 한다'가 중첩이고 지워야 한다.

레가툼연구소의 '국가번영지수 2021'에 따르면 개인 간 상호신뢰, 제도 기관 신뢰 등으로 구성된 사회적 자본은 우리나라가 167개국 중 147위

로 이웃 대만 21위, 중국 54위보다 훨씬 낮은 단계에 머물러 있다고
한다.

원문

라잔(2005)에 의하면 금융시스템은 대부분의 시기에는 매우 안정적
이지만, 예기치 못한 꼬리 위험이 순식간에 발생해서 과도한 불안정으
로 이어질 가능성이 상존한다고 지적하였다.

대안 1

라잔(2005)에 의하면 금융시스템은 대부분의 시기에는 매우 안정적
이지만, 예기치 못한 꼬리 위험이 순식간에 발생해서 과도한 불안정으
로 이어질 가능성이 상존한다.

대안 2

금융시스템은 대부분의 시기에는 매우 안정적이지만, 예기치 못한 꼬
리 위험이 순식간에 발생해서 과도한 불안정으로 이어질 가능성이 상
존한다고 라잔(2005)은 지적했다.

　다음 문장에서는 '배경'과 '기인'이 중첩된다. [원문]에서 '배
경'을 삭제하고 주어를 '이런 금융혁신 과정'으로 하면 중첩이
해소된다. 또는 [대안]처럼 '배경'을 그대로 두고 '기인'을 삭제
해도 좋다. 이러한 첨삭은 주어-술어 호응 지침에도 해당된다.

이런 금융혁신 과정의 **배경은** 경제개발 초기 단계의 금융억압 체제가 오랫동안 유지되어온 데다 혁신과 경쟁의 시장원리가 제대로 작동하지 못한 데에서 **기인한 것**으로 보인다.

이런 금융혁신 과정의 **배경은** 경제개발 초기 단계의 금융억압 체제가 오랫동안 유지되는 가운데 혁신과 경쟁의 시장원리가 제대로 작동하지 못한 데에서 <u>찾을 수 있다</u>.

여러 기업에서 '경영의 정수'를 보여준 이나모리 가즈오稻盛和夫는 "손이 베일 듯한 제품을 개발하라"고 말했다. 뺄 부분이 전혀 없는 완성도를 추구하라는 뜻으로 이해된다. 이는 개발 외의 업무를 맡은 직장인도 새겨둘 만한 지침이다.

높은 완성도에는 군더더기를 빼야만 도달할 수 있다. 문장에서는 동일한 단어의 반복을 제거하고 비슷한 낱말들의 중첩을 해소해야 한다.

보고서에서 반복과 중첩 덜어내기

'반복'은 문학 작품에 어울리는 수사법이다. 업무용 보고서에는 반복도 중첩도 바람직하지 않다. 그런데 문장가가 쓴 글에서도 비슷한 문장이 여러 번 쓰인 사례가 있다. 다음이 그런 경우다. 되풀이되는 두 문장에 번호를 매긴 뒤 밑줄을 긋고 굵은 글자로 표시했다.

언어의 표현 가능성과 불가능성

①세계 어느 언어에나 표현 불가능성의, 암흑의 일면은 다 가지고 있는 것으로 짐작할 수가 있다.

그런데 **②이 표현 가능의 면과 표현 불가능의 면이 언어마다 불일치하다.**

어느 언어가 아직 이 표현 불가능의 암흑면을 더 광대한 채 가지고 있나 하는 것은 지난한 연구재료의 하나려니와 우선, **①어느 언어든 표현 가**

능성의 일면과 아울러 표현 불가능성의 일면도 가지고 있는 것, 그리고 ②이 표현 불가능성은 언어마다 불일$_{不一}$해서 완전한 번역이란 영원히 불가능한 사실쯤은 알아야 하겠다. (중략) ②그런데 표현의 가능, 불가능면은 언어마다 불일하다.

출처: 이태준, 『문장강화』, 창작과비평사, 1988, 28~30쪽

문장가도 자칫하면 문장을 되풀이한다. 보고서를 작성해야 하는 직장인이라면 더욱 반복과 중첩에 주의해야 한다.

보고서에서 중첩 없애기

한 문단에 같은 내용을 두 번 쓴다고 해서 그 내용이 두 배로 강조되는 것은 아니다. 다음 문단에서 삭제 표시한 넷째 문장이 그런 중첩 사례다.

상장지수펀드(ETF)가 주식시장에 미치는 영향력이 커지고 있다. 주식형 ETF가 세계 주식시장에서 차지하는 비중은 2020년 말 기준 7%에 이른다. 이는 2020년 말의 2.5%에 비해 크게 높아진 수준이다. 이는 개별 주식의 수급에 ETF의 영향력이 계속 커지는 것을 의미한다. 한국은 주식형 ETF 거래 대금이 일평균 주식 거래 대금에서 차지하는 비중이 2020년 말 기준 20% 가까이로 높아졌다. 미국에서는 인버스 ETF와 레

버리지 ETF가 증시 변동성을 키운다는 연구 보고서가 발간된 바 있다.

다음은 한 지방자치단체에서 작성된 보고서의 제목과 목차다.

본관 옥상 바닥방수 및 쿨루프 공사 계획(안)

Ⅰ. 추진배경

Ⅱ. 사업개요

Ⅲ. 문제점

Ⅳ. 개선방안

Ⅴ. 타 기관 운영사례

Ⅵ. 행정사항(향후 진행)

Ⅶ. 기대효과

아래의 하위 항목을 보면 내용 중 추진배경과 문제점이 중첩된다.

Ⅰ. 추진배경

○ 옥상 방수층의 노후화로 전면적 방수공사 필요성 제기

○ 기후 온난화로 여름철 폭염 등 환경변화에 대비한 선제적 대응 요구

○ 방수 및 쿨루프 공사를 통해 시장님 특별 지시사항인 '뉴-그린사업' 추진

Ⅲ. 문제점

○ 현 옥상층은 방수공사 시행 10여 년이 경과된 결과 방수 시트가
  팽창되고 바닥에서 부분적인 균열 발생

○ 경미한 균열은 실링재를 주입하는 등 보수하였으나, 3층 국장실
  천장 일부가 누수되는 상태

○ 직사채광 옥상층 및 3층 부분과 1,2층과의 실내 온도차로 효율적
  인 냉방 운영이 어려움

○ 방수 공사를 지체할 경우 누수로 인한 3층 통신실 장애 등 피해
  예상

중첩을 덜어내고 다음과 같이 정리할 수 있다.

Ⅰ. 추진배경 및 문제점

○ 옥상 방수공사 10여 년 경과해 노후화로 부분 누수

  − 방수공사 지체 시 3층 통신실 등 누수로 큰 피해 예상

○ 직사채광으로 여름철 4층 냉방 비효율 발생

  − 방수 쿨루프* 공사로 누수 방지 및 '뉴−그린 사업' 실현

  − '뉴−그린 사업'은 시장님 특별지시사항

  * 쿨루프는 햇빛을 반사하는 밝은색 도료로 냉방 효율 제고 효과

요약의 역설

형용모순이라는 개념이 있다. '침묵의 소리', '소리 없는 아우성' 같은 수사적인 표현이 그에 해당한다.

형용모순은 역설적인 현실을 드러내는 문학적인 장치다. 그런데 이러한 형용모순 사례를 간혹 보고서의 핵심요약문 부분에서 보게 된다.

핵심요약문은 회사나 작성자에 따라 '요약', '요지', '개요' 등 용어로 쓰인다. 영어로는 executive summary라고 불린다. 군더더기가 없어야 요약이다. 그러나 형식을 중시하는 공공부문에서는 요약을 한 페이지에 맞추다 보니 같은 내용을 또 쓰거나 필요하지 않은 도표를 채워넣는다. 그렇게 하면 '군더더기가 있는 요약'이라는 형용모순의 결과가 된다. 다음 예를 통해 이를 생각해보자.

원문

○○○○년도 □□사업 종합평가 계획(요약)

□ **대상기간**: ○○○○. 1. 1. ~ 12. 31.

□ **평가대상**: 157개 부서·기관 588개 사업

□ **평가방법**

　○ 평가항목: 성격평가(30점), 목표달성도(70점), 가감점(±4점)

○ 기간 가중치: 상반기 평가 20% + 하반기 평가 80%

○ 평가등급: 5등급(매우 우수, 우수, 보통, 미흡, 매우 미흡)

□ **평가절차**

○ **(1단계)** 통합사업성과관리시스템 입력 / 자체평가서 제출

【사업부서/실 · 국 · 본부】

○ **(2단계)** 확인평가【평가부서】

○ **(3단계)** 위원회 분과별 심의【업무평가위원회(분과회의】

○ **(4단계)** 위원회 심의【업무평가위원회(전체회의】

□ **인센티브 및 페널티 부여**

○ **(사업별 인센티브)** PM 및 담당자 실적가점

(「매우 우수」 4점, 「우수」 3점)

⇒ 실적가점 부여(1인 최대 가중치 50%) 또는 인사포인트 등 선택

○ **(우수부서 인센티브)** 우수 부서 선정시 □□사업 평가결과

60% 반영

⇒ 우수 부서 전체 20%(30여 개 부서) ±300만 원 내외

포상금 차등 지급

○ **(평가결과 성과계약평가에 반영)** 4급 이상 40%, 5급 50%

○ **(페널티)** '매우 미흡' 사업(인사 참고자료 제공), 부진대책 수립

□ **추진일정**

○ **(사업부서)** 사업별 실적등록 및 자체평가 입력: 12. 21.까지

○ **(실 · 국 · 본부)** 자체평가 자료 제출: 12. 28.까지

○ **(평가부서)** 확인평가: 1월

○ **(업무평가위원회)** 심의 (분과회의 4회, 전체회의 1회): 2월

○ **(평가결과 통보)** 인센티브 및 페널티 부여 확정 통보: 2. 28.한

평가절차와 추진일정에 겹치는 내용이 있다. 둘을 병합하면서 중첩을 해소하면 다음과 같다.

대안

○○○○년도 □□사업 종합평가 계획(요약)

□ **대상기간**: 0000. 1. 1. ~ 12. 31.

□ **평가대상**: 157개 부서 · 기관 588개 사업

□ **평가방법**

○ 평가항목: 성격평가(30점), 목표달성도(70점), 가감점(±4점)

○ 기간 가중치: 상반기 평가 20% + 하반기 평가 80%

○ 평가등급: 5등급(매우 우수, 우수, 보통, 미흡, 매우 미흡)

□ **평가절차 및 일정**

① **(사업부서)** 사업별 실적등록 및 자체평가 입력: 12. 21.까지

② **(실·국·본부)** 자체평가 자료 제출: 12. 28.까지

③ **(업무평가위원회)** 심의 (분과회의 4회, 전체회의 1회): 2월

④ **(평가결과 통보)** 인센티브 및 페널티 부여 확정·통보: 2. 28.한

□ **인센티브 및 페널티 부여**

○ **(사업별 인센티브)** PM 및 담당자 실적가점

(「매우 우수」 4점, 「우수」 3점)

⇒ 실적가점 부여(1인 최대 가중치 50%) 또는 인사포인트 등 선택

○ **(우수부서 인센티브)** 우수 부서 선정시 □□사업 평가결과

  60% 반영

⇒ 우수 부서 전체 20%(30여 개 부서)±300만 원 내외 포상금 차

  등 지급

○ **(평가결과 성과계약평가에 반영)** 4급 이상 40%, 5급 50%

○ **(페널티)** '매우 미흡' 사업(인사 참고자료 제공), 부진대책 수립

 비슷한 내용이 되풀이된 보고서는 결재를 맡은 이의 시간과 주의력을 낭비하게 만든다. 그 사람이 당신의 요령 없음을 알아채고 지적하게 되는 것은 물론이다. 그러니, 보고서를 쓸 때면 반복이나 중첩을 피하자.

누락 없이 쓰기가 더 중요하다

당신은 △△△△주식회사 실무자로서 보도자료를 작성하고 있다. 다음은 당신이 작성 중인 보도자료의 초안이다(이 인용문은 이 꼭지에 활용하기 위해 보도자료 원문을 일부 수정했다). 이 초안에 어떤 핵심 정보를 추가해야 보도자료가 '누락 없게' 완성된다. 넣어야 할 핵심 정보는 무엇일까?

△△△△은 지난 11일 충청남도 천안시에 신축 조성한 '충남광역 외국인 근로자 쉼터 준공식'을 개최했다고 밝혔다.

이날 행사에는 김○○ △△△△대전충남지역 영업그룹 대표와 박○○ 충청남도 경제통상실장, 이○○ 한국해비타트 사무총장, 최○○ 기독교대한감리회유지재단/(사)기빙트리천사운동본부 감독을 비롯해 외국인 근로자를 포함한 지역 주민 등 100여 명이 참석했다.

이 시설 조성 사업은 ○○○○이 건축비용을 후원하고 기독교대한감리

회유지재단는 조성 부지를 제공하고 한국해비타트는 신축공사 전반을 담당해 진행됐다. 완공 후 외국인 근로자 쉼터는 충청남도의 안정적인 지원을 바탕으로 기빙트리천사운동본부가 위탁 운영할 예정이다.

(중략)

앞서 지난해 11월 15일 △△△△와 충청남도, 기빙트리천사운동본부, 기독교대한감리회유지재단 등 참여기관은 외국인 근로자가 안심하고 생활할 수 있는 주거 공간을 조성한다는 데 뜻을 모으고 쉼터 조성을 위한 협약을 체결했다.

지난 2월 3일에는 △△△△직원들이 직접 참여하는 건축봉사활동을 통해 쉼터 조성에 힘을 보탰으며 인근 쉼터에 거주하는 외국인 근로자들도 함께 봉사활동에 참여해 의미를 더했다. (하략)

이 초안에는 외국인 근로자 숙소의 정확한 위치가 없다. 또 건축비용도 없다. △△△△에서 이 사업에 건축비용을 후원한 취지도 담으면 좋겠다. 예컨대 '△△△△은 더불어 사는 사회를 조성하는 데 기여한다는 취지에 따라 다양한 사회공헌 활동을 벌이고 있으며, 이번 쉼터 조성은 그 활동의 일환'이라고 취지를 담으면서 의미를 부여할 수 있다.

이들 정보와 취지보다 더 중요한 핵심 정보가 있다. 바로 이 쉼터의 수용 인원이다. 이 쉼터를 조성한 목적이자 이 쉼터의 역할은 외국인 근로자에게 거주 공간을 제공하는 일이다. 따라서 외국인 근로자 몇 명이 이 쉼터에서 생활하게 되는지, 또 규모는 어느 정도이고 어떤 편의시설이 구비될 것인지를 알려주어야 한다.

보고서를 쓸 때에는 '겹치지 않게'도 중요하지만, '누락 없이'가 더 중요하다. 어디에서 누락이 발생할지는 예상할 수 없다. 그러나 평소 관심과 훈련, 습관을 통해 누락의 위험을 크게 줄일 수 있다.

보고서를 누락 없이 쓰도록 돕는 방법을 추려봤다.

첫째, 정보를 세트로 파악하고 서술한다.

둘째, 체크리스트를 활용한다.

셋째, '독자'의 질문을 예상해본다.

'정보를 세트로 모으는 습관'은 무엇을 의미하나? 예컨대 금액이 나오면 자동으로 비율을 떠올리는 식이다. 동종 업계의 경쟁 업체가 800억 원을 들여 비상장 중견 업체의 지분을 매입했다고 하자. 이때 반드시 추가할 관련 정보가 지분이다. 최대주주가 아니더라도 2대주주로서 경영에 깊게 관여할 수 있다면 그런 내용을 보고서에 써야 하고, 그 내용을 뒷받침하는 근거는 변화된 지분 구조와 경쟁 업체의 지분이다.

육하원칙에서 출발해 관련 정보 망라

육하원칙도 정보를 세트로 처리하는 방법이다. 육하원칙이란 사실을 전하는 기사에는 여섯 가지 정보, 즉 '누가, 언제, 어디서, 무엇을, 어떻게, 왜' 했는지를 담아야 한다는 지침이다. 영어로는 Who, When, Where, What, How, Why의 머릿글자를 따 5W1H이라고 한다.

육하원칙은 기사 외에 업무용 문서를 작성할 때에도 기본으로 지켜야 한다. 문서를 쓰기 전에도 이 원칙을 '기본 그물' 삼아 자료를 조사하고 수집해야 한다. 예를 들어 다음과 같은 질문을 던지고 그에 대한 답변을 정리하는 작업이 기본이다.

- What 문제가 무엇인가?
- Where 그 문제는 어디에서 발생하고 있나?
- When 그 문제는 언제 발생하나?
- Why 원인은 무엇인가?
- How 어떻게 해결할 수 있나?(해결 방안은 무엇인가?)
- Who 방안을 실행할 때 어느 부서 누구의 도움이 필요한가?(어떤 도움을 받아야 하나?)

이렇게 수집하면 적어도 육하원칙에 해당하는 내용을 빠뜨리지는 않는다. 그러나 비즈니스 상황에서는 흔히 저 여섯 가지보다 더 많은 정보가 필요하다. 상황에 따라 추가할 정보를 몇 가지만 추리면 다음과 같다.

- Change   이전과 비교해 어떻게 달라졌나?
- Compare   그게 최선인가? 다른 방안과 비교한 결과는?
- Money   금액은 얼마나 되나? 예를 들어 방안 실행에 소요되는 금액은?
- Ratio   비율/비중은? 해당 금액은 전체에 비해 어느 정도인가?
- Period   실행 기간은 얼마로 잡고 있나? 언제부터 언제까지 실행하나?
- Obstacle   예상되는 장애 요인은 무엇인가? 해결 가능한가? 방법은?
- Size   해당 시설이 있다면 규모는 얼마나 되나? 관련 시설로는 어떤 종류가 필요하나?

메모 붙여놓고, 역지사지로 자문

현실은 복잡다단하다. 업무에서는 이들 질문에 대한 답 외에 추가 정보가 필요한 경우도 있다. 또 보고서에 담으려고 한 내용 중 일부를 깜박하고 빠뜨리는 경우도 종종 발생한다. 이런 경우에 대비하는 방법이 체크리스트다. 체크리스트란 어떤 일을 하거나 행사를 진행할 때 준비할 사항을 적어놓은 목록이다.

보고서를 작성하기 전에 메모지를 준비하자. 가제 아래 꼭 들어가야 할 정보를 키워드로 적어두자. 그 메모지는 일종의 체크리스트다. 파티션이나 눈에 잘 띄는 곳에 메모지를 붙여놓는다. 이제 보고서를 쓰기 시작한다. 그렇게 해두면 다른 일을 하는 중에도 문득 그 보고서에 추가할 내용이 떠오른다. 그러면 체크리스트를 추가한다. 보고서를 작성하다가 메모를 보완하고, 다시 보고서를 작성하는 과정이 순환을 이루도록 진행하면 누락의 위험이 크게 줄어든다.

체크리스트는 보고서 분량이 길수록 더 도움이 된다. 수십 페이지 보고서를 써야 할 때, 체크리스트의 체계를 잡으면 목차가 된다. 보고서를 작성하면서 목차를 수정하고, 수정한 목차에 따라서 내용을 추가하는 작업을 진행하면서 보고서의 체계와 분량을 갖출 수 있다.

분량이 짧은 문서를 작성할 때에도 체크리스트가 요긴하다. 짧은 이메일을 써서 보낸 뒤 '아차, 그 내용을 안 적었네' 하고 추신을 써야 할 때가 있다. 난감한 상황이다. 그런 일이 반복되면 수신자에게 나는 덤벙대는 '깜박 직장인'으로 각인된다. 이메일을 쓰기 전에 몇 가지 내용을 적어 보내야 하는지 메모하자. 체크리스트를 활용하면 내용을 빠뜨리지 않을 수 있다.

보고서를 읽는 사람의 위치나 관점에서 생각해보자. 이 보고서를 읽는 상사가 평소에 어떤 부분에 관심을 기울이는지 떠올

려보자. 그 상사가 이 주제와 관련해 무엇을 궁금해할지 궁리해
보자. 상사가 궁금해하는 부분을 채우지 못한 보고서는 다시 작
성될 수밖에 없다.

워런 버핏Warren Buffett의 비즈니스 동반자 찰리 멍거Charles Munger
는 "체크리스트를 사용하면 어려운 문제를 풀 수 있다"고 말한
바 있다. 체크리스트를 활용하면 보고서 작성도 잘할 수 있다.
체크리스트는 특히 누락 위험을 줄여준다. 체크리스트 외에 주
요 내용을 빠뜨리지 않는 다른 방법은 정보를 세트로 다루는 것
이다. 아울러 역지사지로 읽는 사람의 시선에서 생각하면서 쓰
는 것이다.

핵심을 빠뜨리면 일에 구멍이 날 수 있다

"누락은 보고서의 완성도만 해치는 게 아니에요. 주요 사항을 빠뜨리면 일이 제대로 돌아가지 않게 되죠. 또는 업무가 채택되지 않을 수도 있어요."

직장인 대상 보고서 쓰기 강습에서 내가 강조하는 대목이다. 누락은 보고서의 오류에 그치지 않고 업무의 차질로 이어진다. 여기 그런 사례를 하나 공유한다 한 지방자치단체의 실제 사례다. 고유 정보는 가렸고, 원문을 일부 다듬었다.

본관 옥상 바닥 방수 및 쿨루프 공사 계획(안)

(생략: 핵심요약문)

I. 추진 계기

○ **(문제점)** 옥상 방수층 노후화로 전면적 방수공사 필요

- 현 옥상 방수층 노후화: 방수공사 시행한 지 10여 년 경과

- 현재 3층 국장실 일부 누수, 향후 3층 통신실 피해 예상

○ **(시정 방침)** 시장 지시사항인 '뉴-그린사업'의 일환으로 추진

- 쿨루프* 시공을 통해 3층 냉방 효율 제고하면서 기후 온난화
에 대응하는 '뉴-그린사업'에 시가 솔선 수범

  * 태양 반사율 등이 높아 냉방 에너지를 절감하며, 밝은 색 도료를 방수공사 때 함
께 도포함으로써 시공.

II. 개선 방안

○ 옥상층 바닥 구조물과 방수시트재 간 잔재 수분 제거: 잔재 수분
은 3층 천장 누수의 원인으로 추정

○ 옥상 바탕면 정리 후, 방수 및 쿨루프 공사 시행

III. 공사 내용

○ 적용 면적: 옥상 바닥층 2,200㎡

○ 예산 조달: 제4회 추경

○ 요구액: 1억5,000만 원

- 2,200㎡ x 6만8,000원/ ㎡

- 기존 노후 방수시트재 철거 및 폐기물 처리: 9,300만 원

- 방수 및 쿨루프 적용 공사: 5,700만 원

IV. 추진 일정

(생략)

V. 기대 효과

○ 옥상 누수 예방 및 냉방 효율 동시 확보

○ 쿨루프 시공에 따라 '뉴-그린사업' 추진

○ 시민 대상 에너지 효율 정책 홍보

이제 일종의 '역할극'을 해보자. 당신은 이 보고서를 결재하는 최종 책임자다. 이렇게 올라온 보고서를 그대로 결재해서 시장에게 올려도 될까?

어떤 내용이 누락되었는지 생각해보자. 빠뜨린 주요 내용이 짚일 때까지 여러 번 보고서를 읽어보기를 권한다.

이 공사의 계기는 둘이다. 하나는 누수라는 문제점 해결이고, 다른 하나는 '뉴-그린사업'이다. 다른 지자체라면 방수 공사만 다시 했을 텐데, 이 지자체(편의상 '○○시'라고 하자)는 시정 방침에 따라 방수 공사를 하는 김에 쿨루프 시공을 함께 하자는 방안을 보고서에 담고 있다.

그렇다면 이 보고서는 일반적인 방수 공사의 비용과, 추가된 쿨루프 공사의 금액을 각각 적시하여야 한다. 그런데 이 보고서는 비용을 뭉뚱그려서 5,700만 원이라고 썼다.

더 있다. 이 보고서는 기대 효과 중 하나로 '냉방 효율'을 들었다. 냉방 효율은 정성적인 효과가 아니라 측정 가능한 효과다. 실제로 냉방 효율이 얼마나 개선되는지 결과는 예상과 차이가 나겠지만, 예상되는 효율 개선 정도를 썼어야 했다. 그 정도는 기존 쿨루프 시공 건물을 조사함으로써 파악할 수 있다. 쿨루프 관련 업체들로부터 가견적을 받아서 참고해도 된다.

활자매체 기사만 검색해도 다음과 같은 정보가 나온다.

페인트업계가 쿨루프 페인트를 앞세워 '역대급 폭염'을 돌파하고 있다. 특히 소외계층을 대상으로 한 지자체의 쿨루프 보급 사업에 적극 참여하고 있다. 쿨루프 페인트는 건물에 떨어지는 복사열을 반사해 실내 온도를 낮춰주는 기능성 페인트다. 제품별 차이가 있지만 건물 실내 온도를 최대 5℃가량 내려주고 실내 냉방 에너지도 약 20% 절감할 수 있다.
〈〈파이낸셜뉴스〉, 실내 온도 낮춰주는 '쿨루프 페인트' 칠하세요, 2018.07.31.〉

'에너지 약 20% 절감'이라는 예상 기대효과를 ○○시 청사에 적용해야 한다. 그래서 여름철 냉방으로 인한 전기요금이 몇 달간 얼마나 절감되는지 써야 한다. 이들 비율과 금액이 있어야, 기대 효과 중 '○○시민 대상 에너지 효율 정책 홍보'도 알맹이를 넣어서 효과적으로 추진 가능하다.

주요 내용이 누락된 이 보고서는 어떻게 됐을까? 놀랍게도 사장이 통과시켜서, 방수 및 쿨루프 공사는 추진 과정에 올려졌다. 그러나 온전히 실행되지 못했다. 방수 및 쿨루프 공사 비용은 ○○시의회의 제4회 추경 심사에서 삭감되었다. 방수만 통과되고 쿨루프는 기각되었다. 회의록을 보면 ○○시의회 의원은 아래와 같이 지적했다.

그런데 우리는 방수하는 것이, 위에 쿨루프라는 것이 하얀 페인트를, 열

차단하기 위해서 그 작업까지 같이 시공하는 거잖아요. 그래서 비싼 것 아니겠습니까?

그러면 반대로 놓고 보면 방수만 하려고 하는 목적이었으면 방수만 해야 하는 것 아니냐, 이것을 묻고자 하는 거예요.

정말 그 위에, 3층에, 열 차단해서 한여름에 사무실 온도가 그렇게 차이가 많이 나느냐, 이런 의미잖아요. 그런데 우리 관청이 그렇게 많이 차이가 나나요?

위 질문에 ○○시 옥상 공사 담당자는 이렇다 할 답변을 하지 못했다.

한 대기업 회장은 신입사원에게 일을 배우고 잘하게 되는 마음가짐에 대해 이렇게 조언했다.

"이 일을 왜 하는가, 이 일이 회사의 비즈니스에서 어떤 역할을 하며, 내 업무 처리가 어떤 연쇄 과정을 거쳐 최종 성과로 연결되는가, 이런 점들을 생각하면서 업무에 임하면 일을 제대로 하고 많이 배울 수 있다."

이 조언을 ○○시의 옥상 공사 담당자가 듣고 따르려 했다면 어땠을까? 그는 자신의 보고서가 시장의 결재를 받더라도 추경 예산 심의에서 시의회를 통과해야 함을 고려했을 것이다(시장은 쿨루프 공사를 흔쾌히 재가하리라고 예상할 수 있다. 왜냐하면 그는 '뉴―그린사업'을 힘써 추진하고 있어서 쿨루프에 대한 이해도 높을 것이기 때문이다). 그래서 시장보다 깐깐한 몇몇 시의회 예산결산특별위원회 위원들을 떠올리면서 누락될 부분이 무엇인지 궁리하고 채워넣었을 것이다.

그는 [원문]의 공사 내용과 기대 효과를 다음 [대안]과 같이 썼을 것이다.

원문

III. 공사 내용

- 면적: 옥상 바닥층 2,200㎡

- 예산 조달: 제4회 추경

- 요구액: 1억5,000만 원

  - 2,200m² x 6만8,000원/m²

  - 기존 노후 방수시트재 철거 및 폐기물 처리: 9,300만 원

  - 방수 및 쿨루프 적용 공사: 5,700만 원

IV. 추진 일정

(생략)

V. 기대 효과

- 옥상 누수 예방 및 냉방 효율 동시 확보

- 쿨루프 시공에 따라 '뉴-그린 사업' 추진

- ○○시민 대상 에너지 효율 정책 홍보

Ⅲ. 공사 내용

○ 면적: 옥상 바닥층 2,200㎡

○ 예산 조달: 제4회 추경

○ 요구액: (총액) 1억5,000만 원

　－ 2,200m² x 6만8,000원/m²

　－ (세목) 기존 노후 방수시트재 철거 및 폐기물 처리: 9,300만 원

　－ 방수: 3,700만 원

　－ 쿨루프: 2,000만 원

Ⅳ. 추진 일정

(생략)

Ⅴ. 기대 효과

○ 옥상 누수 예방

○ 냉방 효율 제고: 여름철 해당 층 실내 온도 약 2도 저감, 냉방 효율 약 20% 향상, 전기요금 ○○○만 원/연 절감

　－ 관련 자료:

　　～～～～～～～～～～～～～～～～～～～～

　－ 참고 사례:

　　～～～～～～～～～～～～～～～～～～～～

○ 쿨루프 시공에 따라 '뉴–그린 사업' 추진

○ ○○시민 대상 에너지 효율 정책 홍보

이렇게 썼다면 ○○시의회 의원이 특위에서 앞서와 같이 지적하지 않았을지 모른다. 예산을 원안대로, 쿨루프 금액을 포함해 처리했을지 모른다.

○○시 옥상 공사 담당자가 [대안]처럼 자료를 조사하고 보고서를 썼다면 딱 부러지게 설명했을 것이다. 애초에 보고서를 충실하게 썼다면 의원이 이 질문을 하지도 않았을 것이다.

'이 사례는 공공부문에서 예외적으로 발생하는 유형에 속하지 않나? 내가 지금 하는 업무, 우리 회사에서 하는 일과는 거리가 있네.'

이렇게 생각하지 마시라. 유형은 달라도 누락 사례는 참고가된다. 어느 대목에서 무엇을 빠뜨릴지는 아무도 모른다. 다양한 누락 사례를 접하고 채워보는 연습을 할수록 더 완결도 높은 보고서를 쓸 수 있다.

4장

CEO 눈에
쏙 들게 하는
핵심요약문

핵심요약문은
명쾌한 의사결정을 이끈다

직장인이 자신의 역량을 CEO를 비롯한 경영진으로부터 인정받을 기회가 있다. 최종 단계에 경영진에게까지 올라가는 보고서를 작성할 때다. 그때 활용할 형식이 핵심요약문이다.

핵심요약문은 영어로 Executive Summary라고 한다. 경영진이 읽도록 보고서의 내용을 줄여 정리한 부분을 가리킨다.

이런 상황을 떠올려보자. 당신이 이끄는 팀은 5개 업체를 돌며 회사가 야심 차게 준비한 솔루션을 영업했다. 그 솔루션이 시장을 얼마나 차지하느냐가 회사의 중장기 발전에 영향을 끼칠 정도로 중요한 프로젝트다. 당신은 협의 결과를 업체마다 3쪽으로 정리했다. 보고서 본문은 15쪽 분량이다.

의욕 넘치고 일을 잘하는 CEO는 이 보고서 전체를 꼼꼼히 읽는다. 그러나 5개 업체를 비교하다 보면 페이지를 여러 차례 이리저리 넘겨야 한다. 그리고 나서도 종합적인 판단이 어려울

가능성이 크다. 그러면 CEO는 당신을 불러 묻는다.

"김 팀장, 말로 해봐. 어느 업체를 가장 먼저 집중 공략해야 한다는 말이야?"

이럴 경우 당신이 시간과 공을 들여 작성한 보고서는 제 역할을 하지 못했다. 사장은 보고서를 읽는 시간과 노력을 투여한 후에도 당신에게서 대면 보고를 추가로 받아야 한다. 당신은 사장에게서 점수를 잃는다.

이런 때 핵심요약문이 요긴하다. 맨 앞에 핵심요약문 1쪽을 추가해 여기에 이 솔루션 관련 5개 업체의 비중과 영업 가능성을 비교하고 판단을 담을 수 있다. 그랬다면 CEO는 핵심요약문만 읽고도 의사결정을 내릴 수 있었을 것이다. 또 당신의 요령 있고 주도적인 업무 방식에 신뢰를 줬을 것이다.

경영진이 고마워하는 핵심요약문

핵심요약문은 보고서 전체를 두괄식 구조로 만들어준다. 왜 핵심요약문을 추가해 보고서 전체를 두괄식으로 구성해야 하나? 여기에는 두 가지 이유가 있다.

첫째, 핵심요약문은 바쁜 경영진의 시간과 노력을 절감해준다. 경영진은 여러 일을 제한된 시간에 수행해야 한다. 사내 회의와 모임에 참석하고 주재하면서 외부 일정도 소화해야 한다.

그런 가운데 주요 보고서가 핵심요약문과 함께 올라오면 경영진이 보고서를 읽고 결재하는 효율이 높아진다. 요약문을 읽고 중요한 내용이 무엇인지 먼저 파악했기 때문에 본문 내용을 더 빨리 이해할 수 있다.

예를 들어 보고서의 목차가 '1. 현황 / 2. 문제점 / 3. 원인 분석 / 4. 개선 방안 / 5. 향후 계획'이라고 하자. 이 보고서의 핵심은 개선 방안인데, 이는 목차 기준으로 5분의 4 지점에서 나온다. 이때 핵심요약문 1페이지를 앞에 추가하면 보고서가 두괄식이 된다. 보고서 본문이 20페이지라고 하면, 경영진은 16페이지를 읽는 대신 1페이지만 보고도 방안이 무엇인지 접하게 된다. 시간과 노력이 16분의 1로 줄어든다.

첫째 이유와 관련해서 이런 의문이 들 수 있다.

'경영진이 핵심요약문에 익숙해지면, 보고서 전체를 읽는 대신 핵심요약문만 보고 결재하는 사례가 많아진다. 그럴 경우 그릇된 판단의 위험이 커지지 않을까?'

이에 대해서는 이렇게 답변할 수 있다.

"판단이 적절한지는 경영진 각자의 몫이다. 경영진은 자신에게 올라온 사안에 대해 배경 지식이 있고 확신도 있을 경우 핵심요약문만 읽고도 판단을 내릴 수 있다. 만약 그 사안이 익숙하지 않을 경우 보고서 전체를 읽고 판단을 내릴 것이다."

처음부터 사안에 초점을 맞추도록 돕는다

둘째, 보고서가 두괄식이어야 경영진은 핵심을 놓고 처음부터 깊고 넓게 생각할 수 있다. 그러면 보고서의 방안이 보완되거나 대안이 제시될 가능성이 커진다.

신사업 보고서의 목차가 다음과 같이 작성되었다고 하자.

1. ○○시장 상황과 전망
2. 우리 회사가 참여 가능한 분야
3. 진출 전략
4. 사업 계획
5. 목표

경영진이 이 보고서를 보고 신사업 추진에 대해 결정하기 전에 가장 집중해서 읽을 목차는 '3. 진출 전략'과 '4. 사업 계획'일 것이다.

전략과 계획의 알맹이를 담은 핵심요약문을 붙인 경우와 붙이지 않은 경우를 비교해보자. 핵심요약문부터 읽은 경영진은 처음부터 전략과 계획에 초점을 맞춰 생각한다. 보고서 페이지를 넘기면서 시장 상황과 전망에 비추고 해당 분야에 비추어 그 전략과 계획이 적절한지, 보완할 부분이나 대안은 없는지 궁리한다. 그 과정에서 더 성공 확률이 높은 방법이 제시될 가능성이 커진다.

그에 비해 앞에 전략과 계획이 언급되지 않은 채 '○○시장 상황과 전망, 우리 회사가 참여 가능한 분야, 진출 전략, 사업 계획' 순서로 보고서를 읽는 경영진에게는 대안이 덜 떠오를 공산이 크다. 왜냐하면 그 경영진은 보고서에 담긴 전략과 계획이 무엇인지 알지 못한 채 보고서의 페이지를 넘기기 때문이다.

작성 여부는 '분량'보다 '직위'로 판단

핵심요약문은 언제 어떤 보고서에 대해 붙여야 할까? 분량이 10쪽이 넘는 보고서에는 핵심요약문을 붙여야 할까?

내부 보고서라면 판단 기준은 '분량'보다는 '직위'다. 분량이 20쪽이더라도 그 보고서가 같은 공간에서 근무하고 그 사안을 잘 아는 임원들한테까지만 간다면 핵심요약문을 추가하지 않아도 된다. 그와 달리 분량이 5쪽인 문서라도 CEO 보고용이라면 기본적으로 핵심요약문을 작성해야 한다. 핵심요약문은 경영진을 위한 형식이다.

핵심요약문의 분량은 1쪽 이내로 작성하면 좋다. 1쪽은 한눈에 전체를 살펴보면서 생각하도록 하는 효율적인 형식이다. 2쪽이 넘는 핵심요약문은 독자의 집중력을 분산시킨다. 그래서 보고서 작성법 분야에 '한 페이지 프로젝트(프로포절)'를 제목으로 하는 책이 다수 나와 있다.

보고서 본문 분량이 길지 않으면 핵심요약문의 내용이 1쪽을 채울 정도에 못 미치는 경우가 많다. 그럴 때에는 1쪽의 3분의 1이나 2분의 1만 활용해도 좋다. 짧은 핵심요약문은 대개 상자 형식 안에 쓴다. 추가로 상자 안을 그림자 처리하기도 하고, 상자 위 가로 선에 '요약' 등을 적어 표시하기도 한다.

형식을 중시하는 회사에서는 반드시 1쪽 전체를 핵심요약문으로 채운다. 핵심이 1쪽 분량이 안 된다면 1쪽으로 늘린다. 그러려고 같은 내용을 조금 다르게 다시 쓴다. 그렇게 중첩이 있는 핵심요약문은 역설적이다. 효율이 목적인 핵심요약문이 비효율적이라는 점에서다. 형식은 내용에 입히는 옷이다. 핵심이 1쪽이 안 되면 그 분량만으로 핵심요약문을 마치면 된다.

3층 보고서도 유용하다

핵심요약문을 붙인 보고서는 '2층 보고서'라고 할 수 있다. 경우에 따라서는 '3층 보고서'도 작성해야 한다. 보고서 앞에 1차 요약문을 붙이고, 그 앞에 2차 요약문으로 핵심요약문을 추가하면 보고서가 3층이 된다. 1차 요약문은 내용에 따라 여러 쪽으로 작성한다. 5쪽이 될 수도 있고, 3쪽이 될 수도 있다.

3층 보고서의 사례가 한국은행의 금융안정보고서다. 한은 금융안정보고서(2021년 12월)의 전체 분량은 185쪽이다. 이 보고서는 본문 앞에 [요약]을 붙였는데, [요약]이 2층이다. 즉, 내용에 대한 1차 요약문과 이를 더 축약한 2차 요약문으로 구성돼 있다. 2차 요약문에는 [개황]이라는 목차가 붙었다. 1차 요약문은 8쪽이고, 2차 요약문 [개황]은 2쪽이다.

다음 목차를 놓고 금융안정보고서의 구조를 살펴보자.

한국은행 금융안정보고서

[요약]

    [개황]

    [금융안정상황] [복원력]

[금융안정 상황]

Ⅰ. 신용시장

    1. 신용레버지리

    2. 가계신용

    3. 기업신용

Ⅱ. 자산시장

    1. 채권시장

    2. 주식시장

    3. 부동산시장

Ⅲ. 금융기관

---

1. 은행

2. 비은행금융기관

3. 상호연계성

IV. 자본유출입

[복원력]

I. 금융기관

1. 은행

2. 비은행금융기관

II. 대외지급능력

III. 금융시장인프라

[종합평가]

※ [주요 현안 분석], [참고], [부록]의 목차는 생략

한은의 금융안정보고서는 대외 보고서에 해당한다. 그러나 내부 보고서도 읽는 경영진이 많다면 3층 구조를 고려하면 좋다. 3층 보고서는 2층 보고서에 비해 어떤 장점이 있나?

예컨대 내부 보고서가 20쪽이고, 이를 읽어야 하는 경영진이 50명이라고 하자. 2층 보고서는 '핵심요약문 1쪽'과 '본문 20쪽'으로 구성될 것이다. 3층 보고서는 '핵심요약문 1쪽'과, 추가로

'1차 요약문 3쪽', 추가로 '본문 20쪽' 세 가지로 구성될 것이다. 사안을 잘 아는 임원이라면 핵심요약문 1쪽만 읽어도 요점을 파악할 수 있다. 그러나 그 사안을 잘 알지 못하는 임원에게는 1차 요약문이 [대안]이 된다. 그는 20쪽짜리 본문을 읽지 않아도 된다. 그래서 3층 보고서가 2층 보고서보다 효율적이다.

외부로 공표되는 보고서이고 많이 읽혀야 좋은 자료라면 핵심요약문을 기본 요소로 생각하자. 그런 보고서의 핵심요약문은 논문의 초록과 비슷한 역할을 한다. 핵심요약문을 읽고 충분한 독자도 있고, 더 알고자 본문을 찾아보는 독자도 있다. 양자 모두에게 핵심요약문은 도움이 된다.

바로 통과하려면 무엇을 써야 하나

현장에서 핵심요약문은 종종 형식적으로 작성된다. 다음 핵심요약문을 읽어보자.

○ 본관 옥상구조물은 방수층 노후화로 방수력 저하 등 구조물 누수가 예상되고 있어, 이 문제점을 예방하기 위해 방수공사를 시행할 계획이며,

○ 이와 함께 기후 온난화로 인한 여름철 냉방 에너지 사용량 급증에 대응해 쿨루프 공사를 병행 시공함으로써 냉방 효율을 높이고자 함

이는 앞서 3장 6절에서 다룬 보고서의 핵심요약문이다(159쪽 참조). 형식은 핵심요약문이되, 내용에는 주요 정보가 누락됐다. 총비용이 얼마나 드는지, 비용은 철거와 방수, 쿨루프 각각으로 어떻게 나뉘는지가 없다. 공사 기간도 빠졌다.

이 핵심요약 문단만 읽고 결재할 의사결정자는 거의 없을 것이다. 의사결정자는 핵심요약문을 대충 읽은 뒤 보고서 본문을 꼼꼼히 살펴볼 것이다.

이 핵심요약문과 다음 핵심요약문을 비교해보자.

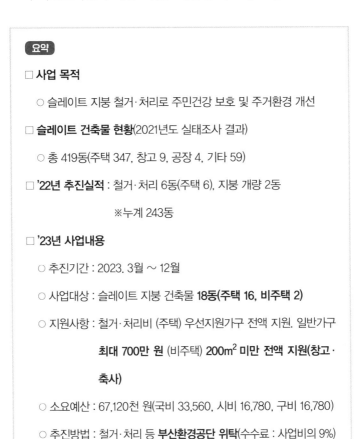

요약

□ **사업 목적**

　○ 슬레이트 지붕 철거·처리로 주민건강 보호 및 주거환경 개선

□ **슬레이트 건축물 현황**(2021년도 실태조사 결과)

　○ 총 419동(주택 347, 창고 9, 공장 4, 기타 59)

□ **'22년 추진실적** : 철거·처리 6동(주택 6), 지붕 개량 2동

※누계 243동

□ **'23년 사업내용**

　○ 추진기간 : 2023. 3월 ～ 12월

　○ 사업대상 : 슬레이트 지붕 건축물 **18동(주택 16, 비주택 2)**

　○ 지원사항 : 철거·처리비 (주택) 우선지원가구 전액 지원. 일반가구 **최대 700만 원** (비주택) **200m² 미만 전액 지원(창고·축사)**

　○ 소요예산 : 67,120천 원(국비 33,560, 시비 16,780, 구비 16,780)

　○ 추진방법 : 철거·처리 등 **부산환경공단 위탁**(수수료 : 사업비의 9%)

의사결정자는 이 핵심요약문만 읽고도 가부를 결재할 수 있

다. 여기에는 소요 예산 총액과 조달 방법이 있고, 사업 대상이 몇이나 되고 각각 얼마나 지원하는지가 나온다. 사업 기간도 명시됐고, 직접 사업을 추진하는 대신 위탁하며, 위탁 수수료를 사업비의 일부 금액으로 지급한다는 내용도 있다.

핵심요약문만 읽고도 판단 가능하게 쓰자

핵심요약문에 보고서 전체 내용을 축약할 수는 없다. 핵심요약문에는 보고서의 주요 내용을 간추려야 한다. 보고서 내용을 취사선택해 핵심요약문을 작성할 때 판단 기준은 '의사결정자로부터 재가를 받으려면 어떤 내용이 꼭 들어가야 할까?'다.

앞서 다뤘던 옥상 방수 및 쿨루프 공사 보고서(159쪽 참조)로 돌아가보자. 의사결정자는 "방수만 제대로 하면 되지 않나?"라고 질문할 수 있다. 이 보고서의 경우 최종 의사결정자는 시장이 아니라 시의회다. 핵심요약문에는 이 질문에 대한 답을 꼭 포함해야 한다.

○ **(배경)** 옥상 방수층 노후화로 통신실 등 누수 피해 예상되고,

　시정 방침인 뉴-그린사업을 다각도로 추진할 필요가 있음

○ **(방안)** 방수층 재공사하면서 냉방효율 높이는 쿨루프 공사 병행

○ **(공사)** 총비용 1억 5,000만 원(6.8만 원/m²)

- 철거: 9,300만 원, 방수: 3,700만 원, 쿨루프: 2,000만 원

　　- 비용은 제4회 추경으로 조달

　　- 기간: ○○○○년, ○월~○월

　○ **(기대효과)** 방수 외에 여름 냉방효율 약 25% 향상, 전기요금 연간
　　○○○만 원 절감

　보고서의 서두에서 이렇게 주요 포인트를 짚어주면 핵심요약 문만으로도 이 공사에 대해 재가를 받을 수 있다. 달리 표현하면 이 핵심요약문은 이 공사가 부분적으로 무산될 위험을 낮춰준다. 특히 '기대효과'를 비율과 금액으로 수치를 넣어서 쓴 대목이 쿨루프 공사가 필요함을 뒷받침한다.

　핵심요약문은 그저 형식이 아니다. 그 내용만으로도 의사결정자의 재가를 받을 수 있도록 작성해야 한다.

첨삭 연습 1: 조직 운영제도 보고서

당신은 큰 조직의 혁신 담당 부서에서 일한다. 각 부서 간 장벽을 넘어 여러 부서가 협업하도록 장려하는 제도를 마련해 2021년 처음 실행했다. 일 년간 운영한 결과를 바탕으로 제도를 신설하고 개정하고 통합하고자 한다.

보고서 분량은 5쪽이다. 이 보고서는 최종 의사결정자한테까지 올라간다. 따라서 핵심요약문을 작성해야 한다. 의사결정자가 결재한 뒤에는 같은 내용을 조직 전체에 공유해야 한다. 공유 자료에도 핵심요약문이 필요하다.

이런 상황을 전제로 다음과 같은 실제 보고서를 어떻게 요약하면 좋을지 실습해보자. 이 보고서는 한 지방자치단체에서 작성한 것이다. 이 실습은 민간 영역에서 일하는 독자에게도 핵심을 추리는 센스를 기르는 데 도움을 준다.

– 부서 간 칸막이는 낮추고, 소통은 높이고 –

2022년 협업행정 추진계획

□ 다양해지는 시민의 행정수요에 효과적으로 대응할 수 있는 협업행

정 분위기 확산으로 행정서비스에 대한 시민 만족도 제고

Ⅰ 추진근거

○ 「행정 효율과 협업 촉진에 관한 규정」 제41조(행정협업의 촉진)

○ 「□□시 협업포인트 운영규정」

Ⅱ 추진방향

○ 시민 맞춤형 행정서비스 제공을 위한 협업 성과 창출 적극 지원

○ 2021년 시행한 협업포인트 제도의 운영상 미비점 개전

  – 협업포인트 월별 실적 우수자 인센티브 확대

  – 협업포인트 개인 실적 평가 통합(기본포인트+특별포인트)

○ **협업행정 우수부서 평가 방식 변경**

  – **(기존)** 협업포인트 실적 우수부서 : 포상금 지급 및 부서평가 가

   점 반영

  – **(변경)** 협업과제 발굴 및 추진 우수부서 : 포상금 지급

협업포인트 실적 우수부서: 부서평가 가점 반영

구분	2021년	2022년
협업포인트 제도 운영	○ 기본협업포인트 운영 　- 이달의 협업인 　　선정(매월 3명) 　- □□페이 각 2만원 　　지급	○ 기본포인트 및 특별포인트 　실적 통합 ○ 이달의 협업인 지급 　인센티브 　확대(각 2만원 → 각 3만원)
	○ 특별협업포인트 운영 　- 누적포인트 　　고득점자 5명 　　선정(연말) 　- 총 150만원 포상금 　　지급	(폐지)
	○ 협업포인트 우수부서 선정 　- 부서평가 가점 반영 　- 총 110만원 포상금 지급	○ 협업포인트 우수부서 　선정 　- 부서평가 가점 반영
협업과제 발굴 및 평가		○ 협업과제 발굴 및 추진 　우수부서 　- 총490만원 포상금 　　지급

III 세부추진계획

1 협업과제 발굴 　2022년 신규추진

협업과제 발굴	협업과제 추진 및 점검	우수과제 선정	인센티브 지급
○ 현안 해결을 위해 다수 부서(기관)의 조정ㆍ 협력이 필요한 사업	○ 주관부서 주도하 협력부서 (기관)와 공동 추진 ○ 추진사항 반기별 점검	○ 협업과제 추진실적을 심사기준에 따라 평가	○ 과제별 포상 - 기여도에 따른 부상금 차등 지급
전부서 → 기획담당관	주관ㆍ협력부서 기획담당관	부시장 및 본청국장	기획담당관 → 담당부서

□ **협업과제 발굴**

　○ **(기간)** 2022. 1. ~ 10. ※ 2022년 1, 2월 부서별 중점 발굴 / 신규 발생 시 수시 제출

　○ **(대상)** 김포시 전 부서(직원)

　○ **(분야)** 시정 전 분야 업무를 대상으로 중점분야 집중 발굴

　○ **(방법)** 주관부서가 협력부서와 사전 협의 후 과제 제출

중점발굴분야 ───────────────

－ 갈등 및 추진이 어려운 현안 해결중심 과제

－ 시민생활 개선 신규정책 및 민관협업 과제

－ 중앙·상급기관 평가·인증·공모 등 협력추진 과제

－ 복합적 사회문제 해결을 위한 부서 간 협력이 필요한 사업

－ 부서 간 공동 추진으로 예산절감, 행정능률성 향상 등 성과창출 가능 과제

□ **추진사항 점검**

　○ **(시기)** 반기별 점검('22년 5월, 10월)

　○ **(대상)** '22년 부서별 제출 협업과제

　○ **(방법)** 협업과제 추진사항 관리카드 현행화

□ **추진성과 평가 및 환류**

　○ **(시기)** 2022. 12.

○ **(방법)** 평가지표에 따른 협업과제 추진실적 평가 ※ 세부지표 별도수립

○ **(내용)** 협업과제 발굴 · 제출 건에 대한 부서평가

○ **(소요예산)** 4,900천 원

　－ 과제별 포상 / 포상금액 내 참여부서 기여도에 따른 차등 지급

구분	계	최우수	우수	장려
협업과제 수(건)	5	1	2	2
포상금(천 원)	4,900	1,500	각 1,000	각 700

② 협업포인트 제도 운영

협업포인트제란?

시 직원이 업무상 도움을 받거나 인적 · 물적 자원을 공유 받은 경우 협업한 타 기관 및 부서 직원에게 온－나라 시스템을 활용하여 감사메시지와 함께 일정 포인트를 보내는 것

□ **운영개요**

○ **운영기간** : 2022. 1. ~ 2022. 11.

○ **대　상** : 전 직원(온－나라 이음 사용자)

○ **운영방법** : 기본/특별 포인트 및 기본/받은 포인트 구분 관리

□ 협업포인트 배정 및 운영

기본포인트 ─────────────────────

○ 개인별 매월 200p 배정(미사용 포인트는 월말 자동소멸)

○ 업무상 도움을 받았을 경우, 상대방에게 감사메시지와 함께 1회 10p 전송

○ 협업내용이 구체적으로 적시된 메시지 확인 및 포인트 확정 (월별)

   – 부적정 포인트 전송 확인 및 실적 산정 제외

유의사항 ─────────────────────

○ 동일 부서 직원 간에는 전송 불가하며, 동일인에게 월 2회까지만 전송 가능

○ 실적 인정을 위해 반드시 구체적 협업 내용을 적시한 감사메시지 와 함께 전송

───────────────────────────────

【적정사례 예】 상대방이 나에게 어떤 도움을 주었는지 구체적 명시

   – ○○○업무처리와 관련하여, □□자료를 제공해주셔서 감사합니다.

   – ○○○작성방법에 대해 문의 드렸는데, 상세히 안내해주셔서 감사합니다.

   – ○○○ 행사와 관련, 적극 참여해주셔서 감사합니다.

【부적정사례 예】 단순격려 및 칭찬, 포괄적 표현 등 구체성이 없는 메시지

– 항상 많은 도움 주셔서 감사합니다.

– 항상 ○○○업무를 적극적으로 해주셔서 감사합니다.

(담당업무 감사표시)

– 늘 적극적으로 업무 처리에 협조해주셔서 감사합니다.

특별포인트

○ 연간 총 2,000p 내에서 운영하며, 1인 1회 100p 내 부여 제한

○ 협업업무 담당부서장 적정성 검토 후 포인트 부여

○ 포인트 전송내역 적정성 검토 및 실적 집계(월 1회)

○ 특별협업포인트 신청 적정성 검토 및 포인트 지급(수시)

○ 지급기준

연번	협업내용	부여 포인트	비고
1	협업과제 발굴 제출	50P/건	– 협업과제 제출 시 (1회) → 주관부서 담당자 지급 – 기획담당관실 일괄 신청
2	T/F팀 참여·활동을 통한 협업	20P/인	– 동일 사업 추진을 위한 반복적 참여의 경우, **최초 1회 지급**
3	정부혁신 우수사례 제출	20P/인	– 제출자 또는 담당자 1인 지급 – 총괄 담당자 일괄 신청
4	공무원 제안 참여(수시, 공모전)	20P/인	
5	규제개혁 과제 발굴 적극행정 우수사례 제출	20P/인	
6	기타 협업행정에 특별히 기여한 경우	30P/인	

□ **협업포인트 우수직원 포상**

○ **(대상)** 개인 협업포인트 고득점자 3인 ※동일인 연 3회 선정 제한

○ **(시기)** 매월 초 전월 실적 산정

○ **(규모)** 총 990천 원

– 이달의 협업인 3명 × 11개월 × 3만 원 = 990천 원

개인 협업포인트

– 산정식 : 받은포인트(100% 반영) + 특별포인트(150% 반영) + 보낸포인트(20% 반영)

– 전보·파견·휴직 등 인사이동에 관계없이 유지

부서 협업포인트

– 산정식 : 부서원 개인 협업포인트 / 부서 현원

– 전보직원의 협업 포인트는 전보일 기준으로 소속부서에 반영

※ 연간 인사일정에 따른 부서원 변경 고려, 상·하반기 2회 부서실적의 평균점으로 최종실적 산정

Ⅳ 소요예산

통계목	부기명	산출기초	예산액	비고
계			5,890	
포상금	– 협업과제 우수부서 포상금	– 최우수 : 150만원 × 1개부서 – 우수 : 100만원 × 2개부서 – 장려 : 70만원 × 2개부서	4,900	
	– 협업포인트 성과 우수자 포상금	3명 × 11개월 × 3만원	990	

이 보고서에는 핵심요약문이 작성되지 않았다. 아마 지자체 구성원들에게 보내는 안내 자료에도 핵심요약문이 붙지 않았을 듯하다. 즉 보고 단계에서는 더 높은 효율이 추구되지 않았고, 공유 단계에서는 친절하지 않았다.

강의에서 이 보고서를 요약하는 실습을 해보면, 큰 갈래(범주)를 나누는 작업이 간과되곤 한다. 이 제도는 2022년에 처음 운영되는 것이 아니다. 2021년 1년간 운영되었다. 그렇다면 의사 결정자와 구성원들은 기존 제도에는 익숙하다. 결재자와 구성원들이 안내받아야 할 갈래(범주)는 올해 처음 실행되는 제도가 무엇인지, 수정되는 제도는 무엇인지이다.

갈래(범주)는 각 제도의 앞에 [신설], [통합], [수정] 등으로 표시하면 잘 전달된다. 갈래(범주)에 이어 내용을 전개하는 우선순위를 정해야 한다. 신설된 협업과제 발굴 및 추진이 맨 먼저 배치된 보고서의 순서가 적절하다고 본다.

실습 답안 대부분은 이 사업에 소요되는 연간 예산이 얼마인지는 누락하지 않는다. 거기서 한 발 더 들어가, 전년도에 비해 예산이 얼마나 더 투입되는지 쓰면 더 좋겠다.

이런 착안 포인트를 염두에 두고 아래에 내가 정리한 핵심요약문을 읽어보자.

□ **[신설] 협업과제 발굴 추진 우수 부서 포상**
○ **(대상과제)** 부서 간 협력이 필요한 사회문제 해결 과제 등

○ **(제출·추진)** 주관부서와 협력부서(들)가 과제를 기획담당관에 제출 후 추진

○ **(포상)** 연말 우수 평가 5건의 주관부서와 협력부서(들)에 총 490만 원 지급

□ **[통합] 기본포인트에 특별협업포인트를 통합해 '협업인' 선정**

○ '이달의 협업인'에 지급하는 포상금 확대(각 2만 원 ⇒ 각 3만 원)

○ 월 3명 선정 인원은 유지, 11개월 총 포상금 66만 원 ⇒ 99만 원

○ 기존 특별협업포인트 포상금 총 150만 원 폐지

□ **[수정] 협업포인트 우수 부서에 대한 포상금(총 110만 원) 폐지하고, 그 대신 부서 평가에 가점 부여**

□ **[총예산] 전년도 326만 원에서 올해 589만 원으로 263만 원 증액 집행**

첨삭 연습 2: 모집 공고문

A는 재기를 꾀하는 소상공인이다. 지인으로부터 소상공인의 재기를 돕는 프로그램이 있다는 소식을 듣는다.

해당 기관에서 모집 공고문을 내려받아보니 4쪽에 걸쳐 관련 내용이 빼곡하게 적혀 있다. A의 일차 관심사는 자신이 지원 대상자에 해당하는지 여부다. 대상자가 아닌데도 시간과 노력을 투입해 서류를 준비하고 작성해 신청한다면 헛수고일 뿐이다. 그런 신청자가 적지 않은지, 공고문은 "지원대상 여부 확인이 필요하신 경우, 가급적 신청접수 전에 고객센터 및 영업점 유선 연락을 통해 지원이 가능한지 확인하시는 것을 권장"한다고 안내한다.

A의 이차 관심사는 지원 내용이다. 대상자이더라도 지원 내용이 자신에게 긴요하지 않다면 그는 신청하지 않을 것이다.

당신이 이 사업의 담당자라면 모집 공고문 위에 핵심요약문을 쓸 때 A와 같은 소상공인의 정보 수요를 고려해야 한다. 다음 인용문은 [원문]을 간추린 공고문이다. 이를 어떻게 요약하면 좋을까?

'다시 서는 소상공인' 지원 대상자 모집 공고

□ **사업개요**

  ○ **사업명**: '다시 서는 소상공인' 지원 사업(상반기)

  ○ **모집대상**: 아래 <u>선택요건 중 1개</u>와 <u>공통요건 모두</u>를 충족하는

      소상공인 300명

◇ **선택요건(1개 이상 충족)**

  ① 법적채무종결기업, ② 채권소각기업, ③ 대위변제기업

◇ **공통요건(모두 충족)**

  ① 현재 ○○시 소재 사업체를 보유하고 정상 가동 중인 자

  ② (서식1) 체크리스트 기준을 모두 충족하여 신용보증지원 결격 사유가 없는 자

  ③ 적극적인 재도전 의지를 가지고 교육 등 전 과정을 성실히 수행할 수 있는 자

□ **지원 내용·일정**

  ○ **지원내용**: **교육·컨설팅, 대출지원, 초기자금 지원 등** 종합적 재기 지원

구 분	내 용
교육·컨설팅	– **재도전 기본교육**(10시간) **및 특화교육** (6시간) 제공 – 전문 컨설턴트의 **1:1 창업컨설팅 및 경영컨설팅(자영업클리닉)**
대출(신용보증) 지원	– ○○시 대출이자 지원 (대출 실행 후 4년간 연이율 1.8~2.3% 지원) – ○○시와 ○○○꿈나눔재단의 보증료 지원 (1인당 최대 100만 원)
초기자금 지원	○ 성공적 재기를 위한 **초기자금 1인당 최대 200만 원 이내 무상지원** – 임대료, 제품개발, 물품구입 등 사업관련 용도 (별도 증빙 필요)

○ **일정** : 5월 교육·컨설팅, 6월 대출(신용보증) 지원, 대출 지원 완

료 시 초기자금 보증료 지급

☐ **접수 기간·방법**

○ **접수기간**: 2022. 4. 6.(수) ~ 2022. 4. 26.(화) 18:00 (신청서류

도착 기준)

○ **신청방법**: 사업장 소재지 기준 ○○영업점 및 재기지원센터에 **방**

문 접수 또는 우편접수(등기)

○ **문의처**: ☎ 0000–0000(○○○○ 고객센터)

※ 지원대상 여부 확인이 필요하신 경우, 가급적 신청접수 전에 고객센터 및 영업점 유

선연락을 통해 지원이 가능한지 확인하시는 것을 권장함

☐ **선정 방법·통지**

○ 제출한 신청서 내용으로 지원 타당성 정성 평가하여 고득점순 선정

– 평가항목: 재도전 의지, 채무상환 노력도, 재기지원 필요성, 성

　　　　장 가능성, 내용 충실성

　　– 동점자인 경우 ①재창업자 여부, ②주민등록상 생년월일이 빠

　　　　른 순으로 선정

　　– (하략)

○ 선정 결과는 4.29.(금) ○○○○ 홈페이지 공지 및

선정자 개별 통지

□ 유의사항

　○ 세부사항 및 일정은 코로나19 상황을 고려하여 변동 가능함

　○ (하략)

□ 필수 제출서류(제출서류 누락 시 결격)

　(생략)

　　전체 선정 인원이 300명이라는 정보는 기본이다. '상반기' 사업임도 명시해야 한다. 아마도 하반기에도 비슷한 사업이 실행될지 모른다. 선택요건과 공통요건은 핵심요약문에서 구체적으로 알려줘야 한다. 공통요건 중 정성적인 셋째, 즉 '적극적인 재도전 의지', '성실히'는 요약에는 담지 않아도 되겠다. 모두 충족

해야 하는 공통요건을 선택요건보다 앞세우자.

사업지원 내용 및 일정에서는 대출(신용보증) 지원과 초기자금 지원이 핵심이다. 교육과 컨설팅 항목은 세부 내용으로 들어가지 않아도 된다고 본다.

나머지 접수와 선정은 한 줄로 추가하면 될 듯하다. 정리하면 다음과 같다.

○ **지원 인원:** 상반기 300명

○ **주요 요건**

- 현재 ○○시 소재 사업체를 정상적으로 가동

- 신용보증지원 결격 사유가 없어야 함(체크리스트 확인)

- 다음을 1개 이상 충족: 법적채무종결기업, 채권소각기업, 대위변제기업

○ **지원 내용 · 일정**

- 5월: 교육 및 컨설팅

- 6월: 대출이자(대출 실행 후 4년간 연이율 1.8~2.3%) 지원, 1인당 보증료 최대 100만 원 지원

- 이후: 초기자금 최대 200만 원 지원

○ **신청 · 선정**

- 신청기간: 4.6.(수) ~ 4.26.(화), 선정 발표: 4.29.(금)

5장

실전 연습 1:

유형별 글쓰기 가이드

개선 방안 보고서의 기본형과 첨삭

『기획은 2형식이다』(남충식, 2014)라는 책이 있다. 저 책은 모든 기획의 본질은 '문제를 해결하는 것'이라고 정의한다. 이 정의에 따라 2형식으로 사고하고 표현하며 설득하는 방법을 소개한다.

저 책에서 아이디어를 얻어, 나는 강습에서 '주요 목차는 2형식'이라는 지침을 공유해왔다. 나는 작성자의 노력이 많이 투입되고 조직에도 중요한 보고서의 경우 목차는 크게 두 덩어리라고 설명한다.

개선 방안 보고서의 두 덩어리는 '현재'와 '미래'다. '현재'는 대개 '현황'과 '문제점'으로 나뉜다. 문제점은 구성원 모두 알지만 원인이 규명되지 않아서 개선 방안이 마련되지 않았을 수 있다. 그러다 컨설팅을 받아 원인이 밝혀지면 이제 개선 방안을 도출할 수 있다. 이 경우 '현재'는 '현황-문제점-원인 분석'으로 나뉜다.

'미래'는 '개선 방안'과 '기대 효과'로 세분된다. 준비한 방안을 실행하면 어떤 성과가 나온다는 내용을 '기대 효과'에 담는다. '기대 효과'는 정성적으로보다는 정량적으로 써야 한다. 그래야 계획한 기간 이후 실제 성과를 목표와 비교하고 그에 따라 '향후 계획'을 수립해 추진할 수 있다. 이제 '미래' 목차는 '개선 방안－기대 효과－향후 계획'으로 세분된다. 보고서에 따라 '기대 효과'와 '향후 계획'이 없는 경우도 있다.

이런 방안을 추진할 때 해당 부서와 관련 부서의 역할을 명기해야 한다. 그래야 방안이 중첩 없이, 사각지대도 없이 추진된다. 할 일 목록은 공공부문 보고서에서는 대개 '행정 사항'이라는 목차 아래 서술된다. 민간부문의 경우 '역할 분담'이나 '관련 부서 역할' 등으로 쓰면 된다.

서울시에서 작성된 한 방안 보고서를 목차를 중심으로 검토해보자. 공공부문 보고서이지만 구조는 민간부문에서도 참고 가능하다. 내용은 일부 첨삭했다.

원문

아파트 경비노동자 고용안정 및 권익보호 방안

입주민의 괴롭힘(폭행)으로 발생한 아파트 경비원 사망 사건과 관련하여 경비노동자의 고용안정과 권익보호 방안을 수립해 추진하고자 함

Ⅰ. 현황 및 문제점

Ⅱ. 추진 방향

Ⅲ. 세부 추진계획

Ⅳ. 행정사항

목차가 간략하다. 항목이 넷밖에 안 된다. '너무 단순하지 않나?'라며 추가하지 않아도 된다. 형식은 내용에 입히는 옷이다. 내용이 단순하면 복잡한 형식이 필요하지 않다.

이 얼개에서 배울 점이 있고 개선할 점도 있다. 우선 배울 점이다. 세부 추진계획은 다섯 가지 방안으로 구성됐다. 분량이 10쪽에 이른다. 이런 세부 추진계획을 추려낸 목차가 '추진 방향'이다. 보고서의 '세부 추진계획'에 여러 부서가 참여한다면 그 앞에 '추진 방향' 대신 '추진 체계' 목차를 배치할 수도 있다.

이 경우 '추진 방향' 대신 '계획의 개요'라는 목차명도 활용 가능하다. 방안의 내용이 많을 경우 이처럼 바로 앞에 개요를 추려서 보여주면 전달력이 좋아진다.

유의할 점은 목차에 예컨대 '사업 개요'라고 썼다면 그 다음에 '세부 사업 내용'처럼 상세한 내용이 뒤따라야 한다는 것이다. 내용을 '개요'와 '세부 내용'으로 2단으로 구성하지 않은 채 한 목차 '사업 개요'로 쓰면 안 된다. 독자는 '사업 개요' 다음에 '세부 사업 내용'을 기대하기 때문이다.

핵심요약문의 적절한 활용법

다음으로 개선할 점이다. 보고서 [원문]의 본문 분량은 13쪽에 달한다. 내용이 중요하고 시장한테까지 결재를 받았다. 그렇다면 보고서 작성자와 해당 부서 간부는 핵심요약문을 붙였어야 했다. 표지 이후 한 장으로 한눈에 내용을 제시했다면 전달 효율과 집중도가 향상됐을 것이다.

또 보고서 본문 중 제목 아래 사각형 속에 내용을 처리하는 형식을 개선할 수 있다. 보고서 본문에서 제목 아래 사각형 형식은 기본적으로 핵심요약문을 담는다. 핵심요약문의 분량이 표지에 배치하기에는 매우 짧을 경우 사각형 속에 정리한다. 작성자에 따라서는 사각형 안은 배경을 회색으로 깔기도 한다. 또는 사각형 위에 '요약'이나 '요지'라고 표기하기도 한다. 사각형 대신 위 아래 선으로 처리하기도 한다.

이 보고서의 사각형 속 내용은 핵심요약문이 아니다. 목적에 해당한다. 그렇다면 별도 목차로 '목적'을 잡아서 서술해야 한다.

보고서 중 일부는 앞에 핵심요약문을 한 장 붙이고 본문 제목 아래 사각형 형식을 취한다. 이 경우 핵심요약문 형식이 중첩된다. 대개 사각형 안에는 목적이 서술돼 있다.

핵심요약문

아파트 경비노동자 고용안정 및 권익보호 방안

□ 목적

   ○ 입주민의 괴롭힘(폭행)으로 발생한 아파트 경비원 사망 사건과 관련하여 경비노동자의 고용안정과 권익보호 방안을 수립해 추진하고자 함

□ 현황 및 문제점

□ 추진 방향

□ 세부 추진 계획

□ 행정사항

대안에는 사소해 보이지만 사소하지 않은 변화가 있다. 목차명마다 붙어 있던 숫자가 모두 □로 대체됐다. 이 보고서의 목차명은 개별적이다. 즉, 각각의 범주를 이룬다. 숫자를 매기기에 적합하지 않다. 그럼 숫자는 어디에 붙이나? 예컨대 이 보고서의 세부 추진계획이 다섯 가지라고 하자. 여기에는 숫자를 매겨야 한다.

'추진 배경'을 더 구체적으로 바꿔보자

보고서에서 자주 보이는 개선할 점이 더 있다. '추진 배경'이라는 목차명의 막연한 활용이다. 이 목차명에는 목적이 들어가기도 하고, 계기가 들어가기도 한다.

이 목차명이 두루뭉술하게 활용되다 보니, '추진 배경'이라고 목차를 앉혀놓은 뒤, 그 아래에는 '현황 및 문제점'을 쓴 사례도 보인다. 이 사례는 '추진 배경'의 내용에 현황 및 문제점을 다 서술하는 바람에 그 다음 목차 '현황 및 문제점'에는 원인 분석을 담았다. 이 경우 '추진 배경' 목차를 지우고 보고서 본문을 '현황 및 문제점'으로 시작하는 대안이 있다.

목차명 '추진 배경'을 더 구체적으로, 예컨대 '추진 계기'나 '목적' 등으로 구체적으로 작성할 것을 권한다.

잘 쓴 사업계획서가 투자자를 부른다

OPM이라는 약어가 있다. '다른 사람들의 돈_{Other People's Money}'
을 가리킨다. OPM을 주제이자 제목으로 잡은 책도 있다. 부제
는 '당신의 투자를 위해 다른 사람들의 돈을 어떻게 끌어들일까
How to Attract Other People's Money for Your Investments'다.

당신에게 사업 자금이 부족하지 않더라도 OPM 유치는 시도
할 가치가 있다. 타인의 돈을 투자받는 과정에서 그 사업의 타
당성과 수익성을 검증받게 된다는 점에서다. 어떤 사업을 하고
자 하는 당신 자신에게는 해당 사업이 장밋빛으로 채색되어 있
지만, 당신에게는 보이지 않는 취약점이나 위험이 타인의 눈에
는 선명하게 보일 수 있다. OPM 유치는 주관적으로 유망한 새
사업을 타인의 눈으로 검증받은 결과다. 100퍼센트 통과되지
않는 경우에도 도움이 된다. OPM이 들어오면서 단서나 의무
조항을 요구할 경우, 그 조항은 대개 그 사업의 실패 위험을 낮

추고 성공 가능성을 높일 테니까.

OPM을 유치하는 데 필요한 문서가 사업계획서다. 사업계획서에는 어떤 내용을 담아야 할까? 어떤 순서로 전개하면 좋을까?

원리에서 출발하기를 권한다. 당신이 새로 벌이려는 사업은 대부분 일정 시장에 속한다. 완전히 새로운 시장을 창출하는 사업일 경우에도 기존 시장을 전제로 한다. 이 경우 기존 시장의 참여자들이 충족해주지 못하는 수요를 보고 신규 사업을 벌이겠다는 것이기 때문이다.

이로부터 우리는 사업계획서와 개선 방안 보고서의 큰 골격이 유사함을 알 수 있다. 현재 상황이 아무 문제 없이 잘 돌아간다면 개선 방안을 만들 이유가 없다. 마찬가지로 현재 시장이 소비자의 수요를 잘 충족한다면 신규 사업자가 들어갈 자리가 없다. 새로운 시장도 창출되지 않는다.

'현재'와 OPM으로 만들 '미래'를 제시

앞서 설명했듯이, 개선 방안 보고서의 구성이자 목차는 크게 두 덩어리다. '현재'와 '개선된 미래'다. 사업계획서를 구성하는 요소도 크게 '현재'와 '미래'로 나뉜다. '현재'는 기존 시장 상황과 문제점(신규 사업 기회)으로 나뉜다. '미래'에는 우리가 어떤 사업으로 이 시장에 진출해 기존 사업자와 다른 강점으로 시장 점유율을 키워나갈지를 담아야 한다. 이를 목차 형식으로 설명하면 '신사업의 강점', '기존 사업자와 비교', '비즈니스(수익) 모델', '초기 영업 전략' 등이다.

여기에 누락된 항목이 있다. '현재'를 '미래'로 전환하는 데 투입되어야 할 '연료'인 OPM이다. 조달할 자본은 얼마이며, 그 돈을 어디에 어떻게 투입해 얼마나 수익을 돌려줄지에 대한 서술이다. 만약 있다면, 중장기 비전도 넣으면 좋다.

이런 목차를 담은 사업계획서의 구성 및 전개는 다음과 같다.

목차 중 '1. 시장 상황과 전망'과 '2. 신규진입 기회 (문제점)'는 현황과 문제점에 해당한다. '3. □□ 매매시스템의 강점'과 4'. □□과 기존 사업자 비교' '5. 직거래 방식 세부 설명'은 '미래'를 어떤 강점으로 어떻게 창출할지를 제시한다. 그 이후 목차는 그 미래를 실현하기 위해 돈을 얼마나 어떻게 투입해 어느 정도 수익을 낳고 돌려줄 수 있는지 보여준다.

표지 다음에 바로 '1. 시장 상황과 전망'을 넣기보다 '핵심 요약' 또는 '인트로'를 배치하는 편이 좋다. 이렇게 두괄식 구성을 취하면 처음부터 상대방의 관심을 끌어내는 데 효과적이다. '핵심 요약' 또는 '인트로' 다음에는 목차를 배치한다. 이 순서는 책에서 대개 서문에 이어 목차를 배치하는 것과 비슷하다.

OPM뿐 아니라 회사 내부의 자금과 인력을 할당받으려고 할 때에도 사업계획서가 필요하다. 잘 작성한 사업보고서는 자금

조달과 성공의 청사진이 된다.

○○○를 '시장'에서 '산업'으로

    – □□의 C2C 직거래 시스템

('핵심 요약' 또는 '인트로')

목차

(본문)

1. 시장 상황과 전망

2. 신규진입 기회 (문제점)

3. □□ 매매시스템의 강점

4. □□과 기존 사업자 비교

5. 직거래 방식 세부 설명

6. 수익 모델

7. 자본 조달 집행 계획

8. 초기 영업전략

9. 매출 이익 목표

10. 투자수익률 목표

11. 비전

공공사업계획서의 목차와 구성

'대한민국 공식 전자정부 누리집'이 있다. 이 웹사이트의 주소는 https://www.open.go.kr이다. 사이트 명칭은 '정보공개포털'이다. 결재된 정부 보고서가 여기에 공유되는데, 가히 빅데이터라고 할 정도로 많다. 2023년 5월 25일 기준 총 등록 정보가 24억 4,127만 건에 달한다. 이날 등록된 정보는 81만 2,640건이다. 여기에 관심 키워드로 검색하면 해당 주제 공공부문 보고서가 줄줄이 나온다. 해당 주제 민간 관계자들한테 참고가 될 법하다.

이 웹사이트를 활용하는 다른 방법이 있다. 어떤 주제로 보고서를 써야 할 때, 관련 공공부문 보고서를 활용하는 것이다. 나는 '사업계획서' 강습 자료를 준비할 때 이 웹사이트에서 기존 최신 보고서를 찾아서 교안에 반영했다.

공공부문에서 일하는 직장인이 아니더라도 사업계획서는 자기 보고서를 작성하는 데 참고할 수 있다. 이런 측면에서도 공공부문 사업계획서를 쓰는 노하우를 살펴보자.

사업계획서는 기존 법규를 근거로 어떠한 단일 행정을 펴겠다는 내용을 담는다. 이 같은 사업계획서의 성격은 정책보고서와 비교함으로써 더 명확해진다. 사업계획서가 기존 법규를 바탕으로 하는 데 비해, 정책보고서는 기존 법규의 개정이나 새 제도의 제정을 포함한다. 사업계획서가 단일 행정을 추진하는 데 비해 정책보고서는 대개 종합적인 방안을 추진한다.

사업계획서는 조장행정인 경우가 많다. 조장행정은 어떤 대상을 주로 진흥시키거나 발전시키거나 육성하는 일이다. 조장행정은 규제행정과 대조되는 범주다. 규제행정은 어떤 행위를 금지하거나 제한하거나 강제하거나 관리하는 일이다.

사업계획서와 정책보고서의 경계가 뚜렷하지 않은 경우가 있듯이, 조장행정과 규제행정의 영역도 칼같이 분리되지 않는다. 대개 규제하는 대상에 조장하는 방식으로 접근할 수 있다. 예컨대 대기오염 물질을 배출하는 노후 경유차는 행정적으로 규제된다. 운행기간이 몇 년 넘으면 폐차해야 하고, 이를 어기면 과징금 등이 부과된다. 그러나 노후 경유차에 대해 보조금을 지급함으로써 조기 폐차를 유도하는 조장행정을 펼 수도 있다.

규제행정 보고서의 목차에는 '문제점'이 포함된다. 아무 문제가 없는데도 규제하지는 않기 때문이다. 그래서 규제행정 보고서의 목차는 '현황-문제점-개선방안(제도 제정·개정 포함)-추진일정-기대효과-행정사항' 등으로 구성된다.

그에 비해 조장하는 사업계획서의 목차에는 '근거'가 있다. 기존 제도를 바탕으로 하기 때문이다. 사업계획서의 기본적인 목차는 '목적-근거-추진계획-기대효과-행정사항' 등으로 구성된다.

다음은 핵심요약문이 맨 앞에 한 페이지 붙은 한 지방자치단체사업계획서의 본문을 목차 위주로 간추린 내용이다.

원문

2023년 슬레이트 처리 지원사업 추진계획

○ 대표적인 석면 고함량(10~15%) 건축자재인 슬레이트는 대부분 내구연한(30년)이 경과되어 석면 비산으로 인해 주민 건강을 위협할 우려

○ 생활환경 주변에 산재한 슬레이트 지붕 철거·처리를 지원함으로써 주민건강 피해를 예방하고 쾌적한 환경 조성

Ⅰ. 근거

Ⅱ. 그간 추진사항

Ⅲ. 슬레이트 현황

Ⅳ. 2022년 추진실적

Ⅴ. 2023년 추진계획

□ 사업기간

    □ 사업대상

    □ 사업비

    □ 재원구성

    □ 지원사항

    □ 추진방법: ○○환경공단에 위탁

    □ 홍보방안

□ 추진일정

Ⅵ. 행정사항

`대안`

2023년 슬레이트 처리 지원사업 추진계획

Ⅰ. 목적

○ 슬레이트 지붕 철거·처리를 지원해 주민 건강 피해를 예방

    – 슬레이트는 석면 함량이 높은(10~15%) 대표적인 건축자재

    – 현재 주택 등에 활용된 슬레이트는 대부분 내구연한 30년이

      경과되어 석면 비산으로 인한 주민 건강 위협이 우려

Ⅱ. 근거

Ⅲ. 기존 실적

Ⅴ. 2023년 추진계획

□ 사업기간·일정

□ 사업대상

□ 사업비

○ 재원구성

□ 지원사항

VI. 추진방법

VII. 행정사항

○ (홍보) 등

[원문]을 수정한 착안점은 다음과 같다. 첫째, 본문 제목 아래 핵심요약문 형식은 중첩이다. 보고서 작성자는 이미 첫 페이지에 핵심요약문을 담았다. 따라서 본문에 핵심요약문 형식을 또 활용할 필요가 없다. [원문]의 사각형 속 내용은 범주가 '목적'에 속한다. 그렇다면 첫째 목차를 '목적'으로 잡아 그 내용을 서술해야 한다.

[대안]은 [원문]의 사각형 속 내용을 '목적'으로 잡고 두괄식으로 구조화했다. [원문]의 둘째 동그라미(○) 문장을 위로 올리면서 첫째 동그라미 내용을 그 아래 두 줄로 배치했다. 부호와 들여쓰기로 문단의 구조를 시각화했다. 그럼으로써 명실상부한 개조식이 됐다.

목차도 문단 단위 구조화 대상이다

이 보고서에서 가장 중요한 목차는 '2023년 추진계획'이다. 그동안 어떻게 추진돼 현재 슬레이트 지붕이 얼마나 남았는지는 [대안]처럼 'Ⅲ. 기존 실적' 한 목차에 보여주면 된다. 즉, [원문]의 'Ⅱ. 그간 추진사항' 'Ⅲ. 슬레이트 현황' 'Ⅳ. 2022년 추진실적'을 병합해야 한다. 'Ⅲ. 기존 실적'은 간략해야 한다. 더 정리하고 싶은 내용이 있다면 첨부해야 한다.

문단 구성은 개조식에도 적용할 기법이다. [원문]의 '2023년 추진계획'은 항목이 여덟 가지다. 이 중 일부를 별도 문단으로 구성하면서 몇몇 항목들은 병합해야 한다. [대안]은 추진방법을 별도 분단으로 분리했다. 기간과 일정을 합쳤다. 사업비 아래 재원구성을 배치했다. 홍보는 행정사항으로 돌렸다. 그 결과 항목이 넷으로 간결해졌다. 그럼으로써 가독성과 전달력이 좋아졌다.

개조식이든 서술형이든 업무용 글쓰기의 기본 기법은 동일하다. 두괄식, 문단 단위 구조화 등이다. 이 사례를 통해 이 원리를 거듭 확인했다.

회의 안내문에 꼭 담아야 할 내용

회의 안내문에는 일시, 장소, 참석자, 논의 주제, 회의 자료 등 다섯 가지 사항이 들어간다. 실제 안내문을 놓고 이를 살펴보자.

2022년 제1차 성과관리위원회 개최 알림

2022년 제1차 성과관리위원회를 아래와 같이 개최하오니, 성과관리위원들께서는 참석하여주시기 바랍니다.

1. 개최 일시: 2022. 5. 24. (화) 10:00~11:00

2. 장소: 15층 회의실

3. 참석자: 14명

   ○ 위원장: 사업전략부문 상임이사(성과관리위원장 직무대행)

○ 위원: 노동이사, 기획조정실장, 인사부장, 경영지원부장, 전산부

장, A부장, B부장, C센터장, D센터장, 중부지역본부장, 동부지역

본부장, 서부지역본부장, 남부지역본부장

4. 회의 내용: '2022년 성과관리 및 평가계획(안)' 심의의결

붙임 '2022년 성과관리 평가계획(안)'

이 안내문은 다섯 가지 사항을 다 담고 있다. 간결하다. 이 안
내문처럼 회의 자료는 대개 첨부한다. 다만 논의 내용이 한 쪽
이내로 서술 가능하다면 첨부하지 않고 안내문에 함께 넣는 편
이 좋다.

이 안내문에는 수정할 대목이 없을까? 내용을 읽어보면
2022년 제1차 성과관리위원회는 성과를 정기적으로 관리하는
회의가 아님을 알 수 있다. 이 회의는 '2022년 성과관리 및 평가
계획(안)'을 심의해 의결하기 위해 개최된다. 그렇다면 제목 아
래 문장을 다음과 같이 고치면 좋겠다.

원문

2022년 제1차 성과관리위원회를 아래와 같이 개최하오니, 성과관리

위원들께서는 참석하여주시기 바랍니다.

'2022년 성과관리 및 평가계획(안)'을 심의해 의결하기 위해 2022년 제1차 성과관리위원회를 아래와 같이 개최하고자 합니다. 성과관리위원들께서는 참석하여주시기 바랍니다.

안내문도 '구조화'해야 잘 읽힌다

공공부문 문서는 필요한 정도보다 장황한 경우가 적지 않다. 다음 회의 안내문을 이 측면에서 읽어보자.

2023년도 제1차 규제혁신 TF 회의 개최

2023년도 정부의 규제혁신 추진 방향에 발맞춰 마련한 중앙부처 건의 과제를 논의해 보완하기 위해 다음과 같이 제1차 규제혁신 TF 회의를 개최하고자 합니다.

Ⅰ. 회의 개요

○ 일시: 2023. 6. 20. (화) 16:00

○ 장소: 6층 회의실

○ 주재: 부구청장

○ **주제 과제: 저소득층 및 노인복지 등 국민복지 저해 규제**

○ 참석자: *10명 (주제 관련 팀장과 민간 전문가)*

  – *팀장: 복지기획팀장, 복지지원팀장, 희망복지팀장, 생활보장팀장, 의료주거팀장, 통합조사관리팀장, 장애인복지팀장, 장애인복지시설팀장, ○○○○팀장*

  – *민간 전문가: ○○○ □□종합사회복지관 사무국장*

○ **주요 내용: 국민복지 저해 규제 개선과제 숙성**

  – **주제 건의과제 발표 및 의견 교환**

  – **발굴과제 타당성 토의 및 미비점 보완**

Ⅱ. 회의 방식

  ○ 진행 순서

  (표 생략)

  ○ 진행 방법

  ○ 좌석 배치도

  (그림 생략)

  ○ 향후 추진 일정

  – 발굴과제 미비점 보완하여 중앙 건의과제로 시에 제출 예정

Ⅲ. **발굴과제 목록**

  (표 생략)

Ⅳ. **행정사항**

    ○ *참석 대상 팀장 불참 시 개선과제 제안자 참석*

    ○ <u>*보완 사항이 있는 부서는 건의과제를 6 23. (금)까지 수정 제출*</u>

붙임

1. 규제개선 과제 목록 1부

2. 규제개선 제안서 1부

    이 안내문 수정에 적용할 지침은 '구조화' 중 '문단 단위 서술'이다. 안내문 중 'Ⅰ. 회의 개요' 부분은 [대안]과 같이 고칠 수 있다.

대안

Ⅰ. 회의 개요

    ○ 일시: 2023. 6. 20. (화) 16:00 ～ 17:00

    ○ 장소: 6층 회의실

    ○ 참석자: 11명

      – 주재: 부구청장

      – 팀장: 복지기획팀장, 복지지원팀장, 희망복지팀장, 생활보장팀장, 의료주거팀장, 통합조사관리팀장, 장애인복지팀장, 장애인복지시설팀장, ○○○○팀장

      – 민간 전문가: ○○○ □□종합사회복지관 사무국장

    ※ 참석 대상 팀장 불참 시 개선과제 제안자 참석

○ 논의 내용: 저소득층 및 노인복지 등 국민복지 저해 규제에 대한 발굴과제의 타당성을 논의하고 미비점 보완

[원문]에는 기울임체로 표시한 참석자 관련 내용이 세 곳에 흩어져 있다. [대안]은 이를 '○참석자' 한 문단에 모아 담았다. 굵은 글자로 표시한 논의 내용도 한 문단으로 묶었다.

밑줄 그은 향후 일정도 모아서 정리해야 한다. 이 부분을 어떻게 고칠지는 각자 연습해보자.

마지막으로 작지만 생각할 가치가 있는 관행을 지적한다. 이는 회의 자료에 국한된 관행이 아니다. 공공부문은 자료를 첨부할 때 대개 '1부'라고 명기한다. 과거 종이로 자료를 공유할 때에는 몇 부인지 명기할 필요가 있는 경우가 있었을지 모른다. 그러나 자료를 전자적으로 공유할 때에는 '1부'라고 쓸 이유가 없다. 그 자료는 이용자가 무제한으로 복제해 활용할 수 있기 때문이다.

이런 내 의견에 대해 공문서 첨부물에 대해 '행정 효율과 협업 촉진에 관한 규정 시행규칙' 4조 4항이 명칭과 수량을 적도록 하고 있다고 설명한 분이 있다. 상황이 바뀌면 규칙도 변경되어야 한다. 이 규칙도 그 대상이다.

격식을 갖춘 사과문 쓰기

내용은 형식을 갖춰야 온전히 표현된다. 형식이 조악하거나 난삽하다면 그 형식에 담긴 내용은 전달 과정에서 손실되거나 왜곡된다. 형식은 내용에 따라 달라져야 한다. 옷을 몸에 맞추는 것에 비유할 수 있다.

사과문에도 기본 형식이 있다. 사과문의 형식을 이 글에서는 '격식'이라고 부르자. 격식을 갖춰야 사과하는 마음이 제대로 전해진다. 사과문의 격식이 중요하다 보니, 이 주제를 다룬 책도 여럿 간행됐다.

원인 규명 전 사과문

사과문은 발표 상황에 따라 두 단계로 나뉜다. 첫째는 사과할 사건의 원인이 규명되지 않은 상황이다. 첫째 단계 사과문은 다음 구성과 전개를 갖춰야 한다.

제목

- 사과

- 개요(사고나 사건의 경위 복기)

- 원인 규명 작업 관련 설명(관계 당국에 협조)

- 후속 조치 방향

- 거듭 사과

날짜

사과 주체

원인 규명 후 사과문

원인이 규명된 상황이다. 사과 주체에게 책임이 있다면 사과문은 아래의 요소를 포함해야 한다.

제목

- 사과

- 사건 개요(사고나 사건 경위 복기)

- 원인과 책임

– 잘못 인정

– 개발방지 대책(보상 포함)

– 거듭 사과

날짜

사과 주체

앞서 살핀 '원인 규명 전 사과문'의 '원인 규명 작업 관련 설명'을 이 단계에서는 '원인과 책임'으로 바꿔야 한다. 이어 잘못을 확실히 인정한다. 그리고 대책을 가능하면 구체적으로 마련해 발표한다. 마지막에는 다시 한 번 사과함으로써 양괄식을 갖춘다.

이에 비추어 다음 사과문을 읽어보자.

고객님께 진심으로 사과드립니다

금번 ○○ □□에서 발생한 식수 오인 사건에 대해 고개 숙여 진심으로 사과드립니다.

이 사건은 명백히 저희 책임입니다. 어떤 이유에서든 매장에서 준수되어야 할 관리규정이 제대로 지켜지지 않았습니다.

이 일로 피해를 입으신 고객과 평소 저희를 아끼고 사랑해주시는 고객 여러분께 죄송스러운 마음뿐입니다.

사고 발생 직후 저희는 전 점포를 대상으로 강도 높은 안전점검을

실시하였습니다. 또한 재발 방지를 위해 전 점포 직원에 대한 위생안
전 교육을 더욱 강화하였습니다. 특히 전문가과 고객들로 구성된 '푸
드 폴리스'를 운영해 매장 내 위생관리 준수 여부를 수시로 점검하고
있습니다.

　이번 사건으로 피해를 입은 고객과 그 가족에게 다시 한번 고개 숙
여 사과드립니다. 고객님들께 더욱 신뢰받을 수 있는 ○○가 되도록
최선을 다하겠습니다.

○○ 대표이사　◎◎◎ 올림

　사건의 개요를 쓰지 않았다. 사건 경위 복기는 사과의 전제로
필요하다. 사과 주체의 사건 경위 서술은 피해자와 관계자들에
게 사과의 필수적인 사전 과정으로 받아들여진다.

　이는 우리가 종종 접하는 두 사람 관계에서 실패하는 사과
를 떠올리면 확인할 수 있다. 잘못한 사람이 상대방에게 곧바로
"미안해, 내가 잘못했어"라고 말하면 흔히 나오는 반응이 "뭘 잘
못했는데?"다. 상대방은 장본인이 잘못을 직시해서 말하는 단계
를 거쳐야 사과를 받아들일 전 단계에 이른다.

　재발 방지 대책을 구체적이고 상세하게 밝힌 점은 좋다.

　마지막으로 사과문을 발표한 날짜가 누락됐다. 기록 차원에
서도 날짜를 넣어야 한다.

핑계 대지 말고 가정하지 말라

사과문의 호소력을 깎아내리는 표현들이 있다. '역접'과 '가정법', '주어 대체' 등이다. '역접'이란 사과하면서 외부 변수나 시간 제약 등 불가피한 요인이 있었다고 설명하는 유형을 지칭한다. 그런 설명을 추가할 경우 핑계로 읽힐 가능성이 크다. '가정법'은 "본의가 아니었으나 만약 기분이 나쁘셨다면 사과하겠습니다"라는 식으로 피해자의 불쾌함 등을 가정법으로 처리하는 표현이다. 이런 표현은 피해자의 분노를 불러일으키기 십상이다. '주어 대체'란 "저희가 실수했습니다"라고 하는 대신 "실수가 있었습니다"라는 식으로 서술하는 유형이다. 사과문의 주어 회피는 책임 회피로 받아들여진다.

이런 관점에서 다음 사과문의 개선점을 짚어보자.

고객님들께 진심으로 사과의 말씀을 드립니다

당사의 어린이 음료 ○○○○ 제품에서 곰팡이가 발견되었다는 클레임으로 고객님들께 심려를 끼쳐드려 진심으로 고개 숙여 사과의 말씀을 드립니다.

내외부 전문가들이 원인을 조사한 결과 택배로 배송되는 운송 과정 중 충격에 의해 미세한 구멍이 생성되어 외부 공기가 유입되면서 곰팡이가 발생된 것으로 규명되었습니다. 즉, 제조 과정이 아닌 배송상의 문제로 확인되었습니다.

○○○○는 저희 □□의 어린이 전문 브랜드 제품인 만큼 끝까지 책임진다는 소명감으로 친환경 종이포장재의 특성까지 반영한 배송상의 과정을 추가로 보완하여 재발을 방지하겠습니다.

이런 불미스러운 일로 고객님들께 심려를 끼쳐드린 점, 다시 한번 사과드립니다. 앞으로 □□의 모든 제품은 제조뿐 아니라 유통 과정까지 세심하게 관리하여 더욱 안심하실 수 있도록 하겠습니다.

감사합니다.

첫째, 첫 문장에서 '클레임'을 지워야 한다. 그럼으로써 사건을 '클레임'이 아니라 '사실'로 수용하는 적극성을 표현해야 한다.

원문

당사의 어린이 음료 ○○○○ 제품에서 곰팡이가 발견되었다는 클레임으로 고객님들께 심려를 끼쳐드려 진심으로 고개 숙여 사과의 말씀을 드립니다.

대안

당사의 어린이 음료 ○○○○ 제품에서 곰팡이가 발견되었습니다. (사건에 대한 추가 서술 필요). 이 사건으로 고객님들께 심려를 끼쳐드려 진심으로 고개 숙여 사과의 말씀을 드립니다.

둘째, '제조 과정이 아닌 배송상의 문제로 확인되었습니다' 문장은 지워야 한다. 이런 단서는 사과의 진의를 깎아내린다. 이후 유통 과정도 더 세심하게 관리하겠다고 밝힌다는 점에 비추어서도 이 문장을 쓸 이유가 없다. 게다가 밑줄을 그은 형식은 책임을 회피하려는 의도로 받아들여질 수 있다.

셋째, '감사합니다'가 난데없다. 사과문에서 쓸 문구가 아니다.

넷째, 날짜가 없다.

다섯째, 사과 주체가 없다.

결코 작지 않은 실수들이다. 이런 사과는 아니 한 것만 못한 반응을 초래할 수 있다. 사과에는 격식이 필요하다. 격식을 갖춰야 사과가 제대로 전해진다.

잘 통하는 보도자료, 이렇게 쓰세요

————————————————————————— ●

"그냥 정확하게 갑시다."

"무난한 서술이 좋겠어요."

보도자료를 둘러싼 논의에서 이런 결론이 나온다면, 그 조직
은 아마도 공공부문에 속할 것이다.

보도자료란 불특정 다수에게 많이 읽혀야 하는 문서다. 공공
부문은 보도자료를 작성할 때 조금이라도 오해를 부를 요소를
넣지 않으려고 하는 경향이 있다. 이를테면 비유를 구사하기보
다 '정확하게' 서술하고, 튀는 표현보다는 '무난한' 서술을 택한
다. 결국 공공부문 보도자료는 일반적으로 민간부문 보도자료
에 비해 재미가 없어 덜 대중적이다. 비유도 재미난 표현도 없
는 보도자료가 다수에게 읽히기란, 공자님 말씀이 청소년에게
읽히는 일보다 확률이 높지 않다.

다행히 공공부문에도 이를 아는 사람들이 없지 않다. 이들은

보도자료를 보도자료답게, 많은 이들이 관심을 갖게끔 작성한다. 제목을 고민하고 도입부(리드)를 궁리한다. 그렇게 작성된 공공부문 보도자료 중 하나를 아래 공유한다. 서울시 양천구가 2019년 9월 23일 공표한 자료다.

청년 창업, 상상을 넘어 현실이 되는 곳

- 양천구, 청년창업 거점 공간 '양천구 청년창업센터' 24일(화) 문 열어
- 창업 관련 정보 제공 및 기초교육 운영… 창업 공간 및 멘토링 지원도

양천구(구청장 김수영)가 창업을 위한 전 과정을 체계적으로 지원하는 청년 창업 거점 공간 '양천구 청년창업센터'를 개관, 운영한다.

총 면적 965㎡인 양천구 청년창업센터(신정로7길 75)는 관내 청년 및 예비 창업가에게 창업에 관한 원스톱 서비스를 제공하기 위한 공간이다. 서울창업카페 양천신정점(365㎡)과 양천청년창업허브(600㎡)로 구성되어 창업 관련 정보 및 코워킹 스페이스 제공은 물론 맞춤형 컨설팅 연계, 입주 공간까지 지원한다.

서울창업카페 양천신정점에서는 창업을 준비하는 예비창업가와 청년들을 위해 창업 기초교육, 컨설팅 연계, 커뮤니티 공간 등 창업과 관련된 종합적인 서비스를 무료로 제공한다. 운영시간은 (중략) 문을 닫는다.

양천청년창업허브는 창업육성 전문기관에서 운영을 맡아 창업에 대한

열정을 가진 이들을 대상으로 창업 공간 지원, 멘토링, 자원 연계 등 창업을 위한 모든 과정을 지원하는 시스템을 구축하게 된다.

양천구 청년창업센터 이용을 원하는 구민은 (중략) 로 문의하면 된다.

김수영 양천구청장은 "양천구 청년창업센터가 청년들의 꿈과 상상을 실현시키는 양천구의 대표 창업 지원공간으로 자리매김하게 될 것"이라며 "창업을 준비하는 청년들이 양천구 청년창업센터를 통해 역량을 키워 우수한 청년창업가로 성장해 나갈 수 있기를 바란다"고 말했다.

한편, 오는 24일(화) 오전 11시에 열릴 '양천구 청년창업센터' 개관식에는 (중략) 등이 한자리에 모인 가운데 센터의 새 출발을 축하할 예정이다.

기타 자세한 사항은 일자리경제과(02-2620-4828)로 문의하면 된다.

보도자료는 일반 보고서와 목적이 다른 만큼, 보도자료 고유의 요건을 갖춰야 한다. 그 목적이란 앞서 말한 '불특정 다수에게 많이 읽히는 것'이다. 이 목적을 달성하기 위한 주요 요건은 '제목으로 독자를 유혹하고' '리드로 독자를 본문으로 끌어들여라', 이 두 가지다. 이 밖의 요건으로는 '인용으로 내용을 생생하게 전하라'가 있다.

이 요건에 비추어 위 보도자료를 검토해보자.

제목이 훌륭하다. 딱딱한 기사투를 쓰지 않으면서 '청년 창업'이라는 꿈이 '상상'이 아니라 '현실'이 될 수 있는 정책을 펼치겠다는 정성적 의미를 강조했다. 또 제목을 '주제목(주제)' 한 행과

'부제목(부제)' 두 행으로 나눠 역할을 분담시켰다.

이 주제의 '작품성'은 이 보도자료를 바탕으로 작성된 기사의 주제와 비교하면 더 뚜렷하게 드러난다. 일부 기사의 주제들은 다음과 같다.

 – 양천구 청년창업거점공간 24일 개소
 – 양천구, "청년들의 꿈과 상상 실현 공간" 문 열어
 – 청년창업 하나부터 열까지
 – 양천구, 창업 전 과정 원스톱 서비스 '청년창업센터' 24일 개관
 – 양천구 청년창업센터 24일 문열어… 창업 원스톱 지원

기사의 주제들 중 보도자료보다 뛰어난 '작품'은 없다고 나는 평가한다.

'주 제목'과 '부제목'으로 나눠 쓰자

보도자료의 제목을 주제와 부제로 나누면, 주제의 '운신 폭'이 넓어진다. 주제는 비유나 상징, 패러디 등을 활용해 독자를 끌어들이고, 주요 내용은 부제에서 설명하면 되기 때문이다. 그에 비해 주제 하나에 내용을 담으려다 보면 제목이 설명투가 되기 쉽다.

주제와 부제를 갖춰서 구사한 사례와 그러지 않은 사례를 비교해 읽어보자. 다음은 공공부문에서 발행하는 매체에 게재된 글의 제목이다.

- 당하는 죽음에서 맞이하는 죽음으로: 죽음에 대한 한국 사회 인식의 전환에 대한 제언
- 저소득층 소득보장 강화하고 의료 접근성 개선
- 중소기업 생산성 제고와 소상공인자영업자 삶 개선 적극 지원

이처럼 공공부문 보도자료에도 수작秀作이 있다. 기업 등 민간부문은 공공부문에 비해 관습적인 제약이 약하다. 따라서 민간부문 보도자료 작성자는 더 재미나고 유인하는 주제를 뽑아야 한다.

주제는 상업적인 광고의 카피에 해당한다. 어떻게 하면 내가 작성하는 보도자료가 많이 읽힐지, 카피라이터의 마음가짐으로 주제를 다듬어보자. 노하우를 얻기 가장 가까운 자료가 신문기사의 주제다. 신문사의 '카피라이터'인 편집기자가 작성하는 지면 기사의 주제를 참고하면 좋다. 동일한 내용을 다룬 여러 주제를 놓고 비교하면 다양한 기법을 터득할 수 있다.

리드는 '진열장'이나 '미끼' 등 역할

리드의 역할은 주제와 비슷하다. 재미를 주거나 호기심을 자극하거나 임팩트를 줄 수 있다. 역할이 주제와 겹치지만 않게 리드를 작성하면 된다. 예컨대 주제로 호기심을 자극해 독자를 끌어들였다면, 리드는 핵심을 재치 있게 서술하는 선택이 가능하다.

리드의 역할 이해에 비유가 도움이 된다. 리드는 독자를 기사 본문으로 이끄는 '진열장'이다. 또는 독자를 기사 본문으로 유혹하는 '미끼'다. 혹은 독자가 기사 본문으로 건너오게 하는 '다리'다. 어떤 경우에는 '안내 지도' 역할을 한다.

보도자료 사례를 놓고 리드를 검토해보자. 다음은 삼성전자 뉴스룸의 2023년 5월 24일자 보도자료다.

삼성, 中企·지역과 함께 성장하는 '스마트공장 3.0' 시작

① 삼성전자는 인공지능(AI)과 데이터 기술을 활용해 중소기업 제조 현장을 지능형 공장으로 고도화하는 '스마트공장 3.0' 사업을 시작한다.

② 삼성전자는 인구소멸 위험 지역 소재 중소기업을 우선 지원 대상으로 선정해 지역 경제활성화와 이를 통한 국토 균형발전에 기여하고, 중소기업의 지속가능경영(ESG) 경쟁력을 높이기 위한 전담

조직도 별도 구성해 운영한다.

③ 삼성전자는 또 스마트공장 3.0을 새로 시작하며 개별 기업을 넘어 지방자치단체와 스마트공장 수혜 기업이 손잡고 지자체별로 진행하는 '자생적 지역 스마트공장 생태계' 확산에도 힘을 보탤 계획이다.

④ 삼성전자는 스마트공장 3.0 사업을 통해 매년 100억 원씩 3년간 총 300억 원을 투자해 600개 중소기업에 스마트공장 구축·고도화를 지원한다.

⑤ 삼성전자는 2015년 경북도 내 중소기업을 대상으로 스마트공장 사업을 시작해, 2016년부터는 전국으로 확대했다. 삼성전자는 지난해까지 8년간 스마트공장 사업을 통해 전국 중소기업 총 3,000여 곳에 스마트공장 구축을 지원했다.

AI가 문제 해결하는 '지능형 공장'으로 생산현장 고도화 추진

⑥ 삼성전자는 이미 삼성 스마트공장 사업에 참여해 기초적 데이터 기반 자동화 시스템을 갖춘 업체들을 대상으로 스마트공장 고도화를 추진한다.

⑦ 제품의 질을 개선하고 불량률을 낮추기 위해 설비와 자재, 부품 등을 최적 환경에서 관리하고 작업 동선을 효율화하는 기본 혁신 활동을 끝낸 기업들을 대상으로, AI기술을 활용해 생산 데이터를 실시간 수집 분석, 현장의 문제점을 선제 대응하고 개선하는 '지능형

공장' 수준으로 새롭게 업그레이드하겠다는 것이다.

⑧ '지역 균형발전'도 스마트공장 3.0의 중요한 목표다. 이를 위해 삼성전자는 인구소멸 위험 지역에 있는 중소기업을 우선적으로 지원할 계획이다.

⑨ 해당 지역 중소기업의 생산성 향상과 매출 증가를 통해 지역 경제를 활성화하고 지역 인재의 취업 기회도 확대, 궁극적으로 인구소멸의 위기에서 벗어나 지역이 다시 활기를 찾는 데 마중물 역할을 하겠다는 것이다.

⑩ 삼성전자는 또 전담 조직을 구성해 안전한 작업환경 조성, 에너지 절감과 친환경 소재 활용을 통한 탄소배출 감소 등 중소기업이 자체 역량으로 감당하기 어려운 지속가능경영(ESG) 강화에도 힘을 쏟는다.

삼성이 보급한 스마트공장, 지자체 수혜 기업 함께 하는 '자생적 지역 생태계' 진화

⑪ 스마트공장 사업은 중소벤처기업부, 중소기업중앙회와 함께 하는 삼성의 대표 CSR 사업이다. 중소벤처기업부는 삼성전자가 출연한 금액만큼 매칭 지원금을 조성해 중소기업에 지원하며 중소기업중앙회는 스마트공장 사업에 참여할 중소기업의 모집과 지원 대상 심사 선정, 사후 평가 등을 담당한다.

⑫ 새로 시작하는 스마트공장 3.0 사업은 지자체와 스마트공장 지원

을 받았던 수혜 기업까지 동참해 지역별로 '자생적 지역 스마트
공장 생태계'를 구축해가는 진화된 스마트공장 사업 모델도 추진
된다.

(하략)

생략했는데도 정보량이 많은 보도자료다. 이런 보도자료의
리드로는 핵심을 몇 문장에 걸쳐 뽑아낸 유형을 적용할 수 있
다. 이름을 붙이자면 '핵심 요약형 문단 리드'다. 아래의 [대안]
과 [원문]을 비교해보자.

핵심 요약형 문단 리드 고쳐쓰기

[원문]의 첫 문장은 제목을 부연 설명하는 역할에 그쳤다. [대
안] 리드 문단은 기존 스마트공장 사업의 업그레이드라는 맥락
속에서 주요 내용을 전한다.

원문

① 삼성전자는 인공지능(AI)과 데이터 기술을 활용해 중소기업 제조
현장을 지능형 공장으로 고도화하는 '스마트공장 3.0' 사업을 시작
한다.

② 삼성전자는 인구소멸 위험 지역 소재 중소기업을 우선 지원 대상

으로 선정해 지역 경제활성화와 이를 통한 국토 균형발전에 기여하고, 중소기업의 지속가능경영(ESG) 경쟁력을 높이기 위한 전담 조직도 별도 구성해 운영한다.

③ 삼성전자는 또 스마트공장 3.0을 새로 시작하며 개별 기업을 넘어 지방자치단체와 스마트공장 수혜 기업이 손잡고 지자체별로 진행하는 '자생적 지역 스마트공장 생태계' 확산에도 힘을 보탤 계획이다.

(하략)

대안

삼성전자는 중소기업의 '자동화 공장'을 '지능형 공장'으로 업그레이드하는 혁신을 지원한다. 삼성전자는 기존 스마트공장 사업을 통해 자동화 시스템을 갖춘 전국 3,000여 중소기업 중 600곳에 3년간 300억 원을 지원해 인공지능(AI) 기술 활용 혁신을 돕는다. 우선 지원 대상은 인구소멸 위험 지역에 있는 중소기업이다.

삼성전자는 이 같은 내용을 골자로 하는 '스마트공장 3.0' 사업을 시작한다.

대상 기업의 모집단은 기존 ⑥삼성 스마트공장 사업에 참여해 기초적 데이터 기반 자동화 시스템을 갖춘 업체들이다. 삼성전자는 지난해까지 8년간 (중략) 총 3,000여 곳에 스마트공장 구축을 지원한 바 있다.

(하략)

저 보도자료의 제목도 고칠 수 있다. 주제와 부제를 나누고 주제를 제목답게 수정하는 여러 방식을 생각할 수 있다. 한편 중간제목을 넣은 노하우는 긴 보도자료를 작성할 때 구사할 기법이다.

리드 측면에서 되짚어 살펴보면, 앞서 본 '양천구 보도자료'의 리드는 간단 요약형이다. 다른 유형을 적용해 리드를 바꿔볼 수 있다. 각자 실습해보자.

활자매체 기사는 리드를 작성할 때도 참고할 수 있다. 동일한 대상을 보도한 여러 기사의 리드를 기법을 떠올리며 비교해 읽어보자. 다양한 기법에 익숙해지면 적절히 구사해보자.

한국인은 'AND OR'에 약하다

한 영어학 전공 교수가 내게 들려줬다.

"한국인은 영미인보다 'AND OR 문제'에 약해요."

다시 말하자면 두 개 이상의 단어들을 관계지어 연결하는 '상 관접속사'의 이해와 활용이 어설프다는 지적이다.

이는 틀린 말이 아니다. 아래의 법조문을 보자.

"양심에 따라 숨김과 보탬이 없이 사실 그대로 말하고 만일 거짓말이 있으면 위증의 벌을 받기로 맹세합니다." (「형사소송법」 제157조 제2항)

문제가 되는 문구는 밑줄을 친 부분이다.

숨김과 보탬이 없이

이를 수학 시간에 배운 집합으로 표시하면 다음과 같다.

$(숨김 \cap 보탬)^{c}$

$= 숨김^{c} \cup 보탬^{c}$

따라서 선서문은 다음과 같이 풀어서 쓸 수 있다.

"양심에 따라 숨김이 없거나 보탬이 없이 사실 그대로 말하고 만일 거짓말이 있으면 위증의 벌을 받기로 맹세합니다."

이렇게 표현된 선서문에는 오해의 소지가 있다. 예를 들면 증인은 위증한 뒤 이렇게 반박할 수 있다.

"저는 '숨기고 보태지' 않았습니다. 선서문은 '숨김이 없거나 보탬이 없이'를 규정했습니다. 저는 보탠 부분은 조금 있습니다만, 두 조건 중 '숨김이 없이'를 지켰습니다. 따라서 저는 증인 선서를 어기지 않았습니다."

옳게 된 선서문은 다음 수식을 표현해야 한다.

$숨김^{c} \cap 보탬^{c}$

$= (숨김 \cup 보탬)^{c}$

이를 글로 옮기면 '숨김도 없고 보탬도 없이'다. 간단히 줄이면 '숨김도 보탬도 없이'가 된다. 또는 '숨김이나 보탬이 없이'도 가능하다.

이에 비해 「민사소송법」의 다음 증인 선서문은 논리적이다.

> "양심에 따라 숨기거나 보태지 아니하고 사실 그대로 말하며, 만일 거짓말을 하면 위증의 벌을 받기로 맹세합니다."
>
> (「민사소송법」 제321조 제2항)

한편 영어권의 증인 선서문은 어떨까? 미국 법정에서 증인은 "내가 제시하는 증거는 진실일 것이고, 진실의 전체일 것이며, 오로지 진실일 것이다the evidence I shall give will be the truth, the whole truth, and nothing but the truth"라고 맹세한다.

형사소송법 증인 선서문을 민사소송법의 그것과 같이 개정해야 한다. 나아가 두 선서를 모두 미국처럼 긍정문으로 하도록 고치는 [대안]이 있다. 긍정문이 쉽고 명쾌하다. 내가 제안하는 [대안]은 다음과 같다.

"나는 내 기억에 따른 사실을, 오로지 사실을, 사실의 전체를 증언하겠습니다."

6장

실전 연습 2:

문장 쓰기 가이드

첫머리를 대충 쓰지 않았나요?

첫머리가 중요하다. 매력적인 첫 문장은 독자를 사로잡는다. 그래서 글쟁이들은 첫 문장을 두고 머리를 싸맨다.

첫 문장에 버금가게 각 문장의 첫 단어나 첫 문구도 중요하다. 이를 활용한 수사법이 도치법이다. '눈물겹게도 푸른 하늘을 그는 한참 동안 올려다보았다'라는 도치문은 '그는 한참 동안 눈물겹게도 푸른 하늘을 바라보았다'보다 대상에 투영된 '그'의 심리를 강조한다.

문장의 첫머리는 그래서 대충 쓸 대목이 아니다. 가능하면 주요 키워드가 앞에 배치돼야 한다. 다음 [원문]에서는 키워드 '목적'이 너무 뒤에 쓰였다.

원문

이 **보고서**는 중국을 비롯한 개발도상국들이 세계 시장에 저렴한 상품과 서비스를 대거 공급하면서 주요국의 장기 물가 안정에 기여했음을 분석하는 것을 **목적**으로 한다.

대안

이 **보고서의 목적은** 중국을 비롯한 개발도상국들이 세계 시장에 저렴한 상품과 서비스를 대거 공급하면서 주요국의 장기 물가 안정에 기여했음을 분석하는 데 있다.

다음 두 사례를 통해 이를 되새겨보자.

원문

닐 타이슨은 대중문화에 대한 넓은 식견을 가지고 재미있는 글을 쓰는 것이 **특기**입니다.

대안

닐 타이슨의 **특기**는 대중문화에 대한 넓은 식견을 가지고 재미있는 글을 쓰는 것입니다.

원문

한국의 제조업 기술강국 부상은 남들보다 한 발 앞서 기술 격차를 벌린 데에서 그 **비결**을 찾을 수 있다.

한국이 제조업 기술강국이 된 **비결**은 남들보다 한 발 앞서 기술 격차를 벌린 데 있다.

목적, 초점, 의미, 의의, 효과 등 핵심 키워드가 문장의 뒤에 쓰이지 않았는지 점검해보자.

짧은 안내문이라도 첫 단어에 신경을 쓰면 전달력이 좋아진다.

이곳은 차세대 CIS태양전지가 설치되어 자가발전 중인 **버스정류장입**니다.

이 버스정류장은 지붕에 설치된 차세대 CIS태양전지를 활용해 자가발전합니다.

[원문]은 동일한 장소를 가리키는 단어로 '이곳'과 '버스정류장'을 중첩해 썼다. 게다가 두 단어 중 더 구체적인 '버스정류장'을 더 뒤에 썼다. [대안]처럼 '버스정류장'을 앞세우고 '이곳'은 지우면 된다. 비슷한 사례를 하나 더 보자.

이곳은 간접흡연 피해로부터 시민의 건강을 보호하기 위하여 금연구역으로 지정된 **쌈지공원**입니다.

이곳 쌈지공원은 간접흡연 피해로부터 시민의 건강을 보호하기 위하여 금연구역으로 지정되었습니다.

왜 부사부터 쓸까?

부사를 첫머리에 놓은 문장은 도치법이 아니라면 권장되지 않는다.

여전히 식량 사정이 악화되거나 **여전히** 굶주림의 위협에 시달리는 한 계계층이 존재하지만 이제 대규모 아사자가 발생할 정도의 식량 위기는 더이상 발생하지 않고 있다.

'여전히'가 두 번 나온다. 둘째 '여전히'는 중첩이다. 지운다. 첫째 '여전히'는 도치해 강조할 부사는 아닌 듯하다. 제 위치는 어디인가? 부사이므로 동사 앞에 놓는 게 자연스럽다.

식량 사정이 악화되거나 굶주림의 위협에 시달리는 한계계층이 **여전히** 존재하지만 이제 대규모 아사자가 발생할 정도의 식량 위기는 더 이상 발생하지 않고 있다.

부사는 기본적으로 그 부사가 수식하는 문구가 어디인지 뚜렷이 드러내는 위치에 놓아야 한다. 다음 [원문]과 [대안]을 비교하면서 이를 생각해보자.

원문

적극적으로 혜택의 대상자가 될 만한 사람들을 찾아다니면서 이런 복지 혜택이 있다는 것을 홍보하는 것이다.

대안

혜택의 대상자가 될 만한 사람들을 **적극적으로** 찾아다니면서 이런 복지 혜택이 있다는 것을 홍보하는 것이다.

도대체 왜 부사부터 쓰게 된 것일까? 나는 세 가지 요인으로 설명한다. 첫째는 혼동이다. 부사는 문장 전체에 걸리는 경우와, 문장 내 동사나 형용사에 걸리는 경우가 있다. 그런데 앞 경우를 일반적으로 여긴 사람들이 무조건 부사를 앞세웠다는 것이다.

아래의 문장에서 '불운하게도'는 그 이후에 오는 문장이 서술한 상황에 의미를 부여한다. 그다음 문장의 '놀랍게도' 또한 그 이후 문장에 걸린다.

불운하게도 이런 지질학적인 변화가 일어난 배경인 생태계에는 이 상태 변화 소식을 전달받을 여건이 취약한 사람들도 생겨났다.

놀랍게도 그리스 국내총생산(GDP)의 40%는 공공 부분이고, 그리스 노동자의 25%는 정부에서 일한다.

둘째 요인은 마음이 앞서는 심리다. '당신의 행복을 진심으로 기원합니다'라고 해도 되는데, '진심으로 당신의 행복을 기원합니다'라고 하는 식이다. 마음을 강조할 때는 이렇게 써도 된다. 그러나 강조하는 경우가 아닌데도 부사를 앞세워 쓴 문장은 부자연스럽다.

김정은 북한 조선노동당 총비서가 2022년 어느 날 연설했던 내용 중 아래의 [원문]으로 제시한 문장이 그런 사례다. 이 예문의 경우 부정을 두 번 하는데, '절대로'가 그 두 번 모두에서 역할을 하지는 못한다. 이런 측면에서도 [대안]을 읽어보자.

원문

절대로 먼저 핵 포기란, 비핵화란 없으며 그를 위한 그 어떤 협상도 그

공중에서 서로 맞바꿀 흥정도 없습니다.

먼저 핵 포기란, 비핵화란 **절대로** 없으며, 그를 위한 그 어떤 협상도
그 공중에서 서로 맞바꿀 흥정도 **결코** 없습니다.

시점으로 문장을 시작하지 말라

부사만큼이나 도치로 앞세워지는 것이 시점을 나타내는 문구
다. 아래의 [원문]으로 제시한 두 문장의 시점은 주어 다음에 두
는 편이 더 술술 읽힌다. [대안]과 비교해서 읽어보자.

2009년 미국 매사추세츠대학 연구팀에서 30개국의 화폐를 조사했는
데, 미국의 경우 유통 중인 지폐의 90퍼센트에서 코카인이 검출되었
다고 합니다.

미국 매사추세츠대학 연구팀에서 **2009년에** 30개국의 화폐를 조사했
는데, 미국의 경우 유통 중인 지폐의 90퍼센트에서 코카인이 검출되
었다고 합니다.

개개인의 민감도와 처한 상황에 따라 음악에서 받는 행복은 크게 차이가 납니다. 2011년 바롤리 셀림푸어와 미첼 비노보이는 fMRI 장치를 이용해 인간의 뇌에 음악이 미치는 영향을 관찰한 논문을 발표했습니다.

개개인의 민감도와 처한 상황에 따라 음악에서 받는 행복은 크게 차이가 납니다. 바롤리 셀림푸어와 미첼 비노보이는 2011년 fMRI 장치를 이용해 음악이 인간의 뇌에 미치는 영향을 관찰한 논문을 발표했습니다.

연대기적 서술에서는 시점을 앞세울 수 있다

다만 여러 사건의 흐름을 연대기적으로 보여주는 서술에서는 다음과 같이 시점으로 각 문장을 시작하는 편이 좋다.

2015년에 공인인증서 없는 빠르고 간편한 송금서비스 앱으로 출발한 토스. 3년 만인 2018년 사용자 수가 900만 명에 이르렀고 곧 1,000만 명을 돌파할 것으로 보인다.

그러나 아래의 [원문]으로 제시한 두 문장은 앞뒤에 다른 사건이 없는데도 시점을 앞세워서 자연스럽지 않다. 시점 문구가 독자의 핵심 정보 파악과 처리를 지연시킨다. 심지어 두 번째 [원문]은 글의 첫 문장이다. [대안]이 더 자연스럽다.

원문

2018년 9월 LG화학은 임원 리더십 워크숍에서 6명의 신입사원에게서 강의를 들었다.

대안

LG화학은 2018년 9월 임원 리더십 워크숍에서 6명의 신입사원에게서 강의를 들었다.

원문

2018년 7월 잡코리아가 구직자와 직장인 4683명을 대상으로 '직장에 다니면서 혜택을 받고 싶은 최고의 복지 제도'를 조사했다.

대안

잡코리아는 2018년 7월 구직자와 직장인 4683명을 대상으로 '직장에 다니면서 혜택을 받고 싶은 최고의 복지 제도'를 조사했다.

동급 요소는 동일한 형식으로

———————————————————————— ●

구구절절句句節節. '모든 구절' 또는 '말 한마디 한마디마다'를 뜻하는 단어다.

나는 이를 문장 쓰기 강습 때 '구―구, 절―절'로 패러디해 활용한다. 즉, '구句는 구句끼리, 절節은 절節끼리 쓰자'는 지침을 의미하는 단어로 쓴다. 참고로 구와 절의 차이는, 간단하게 설명하면 '절에는 동사가 있다'는 점이다.

사례로 들어간다. 다음 고객 안내문은 어떻게 고쳐야 할까?

현재와 같은 차질이 빚어진 <u>원인의 정확한 파악</u>과 <u>재발 방지 대책을 조속히 마련하기</u> 위해 **최선을 다하겠습니다.**

밑줄 친 부분 중 앞은 명사로만 구성됐고, 뒤는 '마련하다'는 동사가 들어갔다. 따라서 앞은 구, 뒤는 절이다. 앞의 구에도 동사를 써서 '원인을 정확하게 파악하고'로 바꾸면 된다.

원문

현재와 같은 차질이 빚어진 <u>원인의 정확한 파악</u>과 재발 방지 대책을
<u>조속히 마련하기</u> 위해 최선을 다하겠습니다.

대안1

현재와 같은 차질이 빚어진 <u>원인을 정확하게 파악하고</u> 재발 방지 대
<u>책을 조속히 마련하기</u> 위해 최선을 다하겠습니다.

앞뒤를 모두 구로 맞추면 어떨까? '재발 방지 대책을 조속히
마련하기 위해'를 '재발 방지 대책의 조속한 마련을 위해'로 수
정하는 방법이 있다.

원문

현재와 같은 차질이 빚어진 <u>원인의 정확한 파악</u>과 재발 방지 대책을
<u>조속히 마련하기</u> 위해 최선을 다하겠습니다.

대안2

현재와 같은 차질이 빚어진 <u>원인의 정확한 파악</u>과 재발 방지 <u>대책의
조속한 마련</u>을 위해 최선을 다하겠습니다.

내가 '구─구, 절─절'이라고 표현하는 어법은 문법적으로는 '등위 접속'이라고 불린다. 이는 우리글로 문장을 쓸 때 지켜야 할 기본 준칙이다. 책『지식인의 글쓰기』(이만식 등, 2023)는 이를 "접속 구성에서 접속 기능어의 앞과 뒤에 놓이는 요소는 문법적 지위가 같아야 한다"고 설명한다. 등위 접속은 '격 맞추기' 또는 '급 맞추기'라고도 불린다.

다음 예문은 이 지침에서 어떻게 벗어났는지 살펴보자.

> 경제 수준의 향상과 심미에 대한 요구가 늘어나면서 미용 성형에 대한 수요가 증가하고 있다.

이 문장에서 앞에 놓인 요소는 '경제 수준의 향상'이고, 뒤에 놓인 요소는 '심미에 대한 요구가 늘어나다'이다. 앞은 구이고, 뒤는 절이다.

뒤처럼 앞도 절로 맞추는 [대안]은 무엇일까? '경제 수준의'를 '경제 수준이'로 고치고, '향상'은 '향상되다'라는 동사로 바꾸어 활용하면 된다. 고친 문장은 아래와 같다.

– 경제 수준이 향상되고 – 심미에 대한 요구가 늘어	나면서	미용 성형에 대한 수요가 증가하고 있다.

앞뒤를 모두 구로 맞춘다면 다음과 같이 쓸 수 있다. '경제 수준의 향상'과 비슷하게, '심미에 대한 요구가 늘어나다'를 '심미

에 대한 요구 증가'로 수정하면 된다. 그러면서 두 구에 걸치는 표현을 '~면서'에서 '~에 따라'로 바꾸었다. 아울러 '증가' 반복을 피하기 위해 '수요가 증가하고 있다'를 '수요가 늘어나고 있다'로 다듬었다. ('경제 수준의 향상'에서 '의'를 뺐다.)

– 경제 수준 향상과 – 심미에 대한 요구 증가	에 따라	미용 성형에 대한 수요가 늘어나고 있다.

'구-구, 절-절'은 글쓰기의 기본인데도 잘 지켜지지 않는다. 심지어 「민법」에도 어긋난 조문이 여럿 있다. 책 『민법의 비문』(김세중, 2022)은 제77조 2항을 대표적인 예로 든다.

원문

사단법인은 <u>사원이 없게 되거나</u> <u>총회의 결의로도</u> 해산한다.

대안

사단법인은 <u>사원이 없게 되거나</u> <u>총회가 결의하면</u> 해산된다.

[대안]은 앞과 뒤 모두에 동사를 넣었다. '사원이 없게 되거나'는 명사구로 바꾸기가 쉽지 않다. 누군가는 '사원 부존재나'로 고칠 수 있다고 했다. '부존재'는 법조계에서는 쓰이지만 사전에 없고 부자연스러운 단어다. 따라서 그 [대안]은 권하지 않는다.

부자연스러운 구는 가급적 덜 쓰라

여기서 관련 지침이 나온다. '구는 가급적 덜 쓰라'는 지침이
다. 앞에서 절끼리 맞춘 [대안 1]과 구끼리 맞춘 [대안 2]를 비
교해보자.

대안1

현재와 같은 차질이 빚어진 <u>원인을 정확하게 파악하고</u> <u>재발 방지 대</u>
<u>책을 조속히 마련하기</u> 위해 최선을 다하겠습니다.

대안2

현재와 같은 차질이 빚어진 <u>원인의 정확한 파악</u>과 <u>재발 방지 대책의</u>
<u>조속한 마련</u>을 위해 최선을 다하겠습니다.

구와 구로 맞춘 [대안 2]와 절과 절로 맞춘 [대안 1] 중 어느
편이 더 자연스러운가? 어느 편이 술술 읽히나? 여러 단어를
동사 없이 묶은 [대안 2]보다 동사를 활용한 [대안 1]이 잘 읽
힌다.

나는 '명사구를 덜 쓰라'고 권한다. 그 근거는 명사구는 말과
거리가 있고 자연스럽지 않다는 데 있다. 나는 이 근거를 이태
준이 『문장강화』에서 제시했다고 본다. 그는 "글은 곧 말"이라면
서 "말하듯 쓰면 된다"고 조언했다.

262

명사구는 그 속 단어를 동사로 바꾸면서 풀어서 서술한다. 이를 다음 예문으로 실습해보자.

모든 금융 회사는 데이터 역량을 높임과 동시에 플랫폼 본격 경쟁과 개방형 생태계 변화에 대해 좀 더 면밀한 준비와 적극적 대응이 필요하다.

이 문장의 구성 요소 중 구는 다음과 같다.

- 플랫폼 본격 경쟁
- 개방형 생태계 변화
- 좀 더 면밀한 준비
- 적극적 대응

이 문장은 분절된 구 네 개를 이어붙인 문장임이 드러난다. '면밀한 준비'와 '적극적 대응' 구를 각각 '면밀하게 준비하고' '적극적으로 대응해야'라고 풀어서 서술하면 더 술술 읽힌다. 고치는 김에 '데이터 역량을 높임과 동시에'라는 명사형이 결합된 표현을 '데이터 역량을 높이면서'로 손질하자. 이렇게 고치면 구가 '플랫폼 본격 경쟁'과 '개방형 생태계 변화', 둘로 줄어든다.

원문

모든 금융 회사는 <u>데이터 역량을 높임과 동시에</u> 플랫폼 본격 경쟁과

개방형 생태계 변화에 대해 좀 더 면밀한 준비와 적극적 대응이 필요하다.

대안

모든 금융 회사는 데이터 역량을 높이면서 플랫폼 본격 경쟁과 개방형 생태계 변화에 대해 좀 더 면밀하게 준비하고 적극적으로 대응해야 한다.

마무리한다. 문장에서 접속되는 두 요소는 문법적 지위를 동일하게 맞추자. 앞에 구를 썼다면 뒤에도 구로 쓰고, 앞에 절을 썼다면 뒤에도 절을 쓰자. 이 준칙과 관련된 추가 지침이 있다. '구는 가급적 덜 쓰라'는 것이다.

가까운 요소는 가깝게 배치하자

한 문장은 여러 요소로 구성된다. 문장을 쓰고 고칠 때에는 요소들의 관계를 고려해 가까운 요소들은 서로 가까이 둬야 한다. 어느 요소들이 가까운지는 누구나 안다. 다만 그 지식을 능숙히 실행하기까지는 다양한 실습이 필요하다.

다음 [원문]과 [대안]을 비교해 읽으면서 이 지침을 확인해 보자.

원문

2010년 이후 기업들의 가장 강력한 실적 개선세가 나타났다.

대안

2010년 이후 가장 강력한 기업 실적 개선세가 나타났다.

고객이 아마존에 들어오면 강력한 아마존의 추천 시스템이 작동하기 시작합니다.

고객이 아마존에 들어오면 아마존의 강력한 추천 시스템이 작동하기 시작합니다.

다음 문장은 어떻게 재구성하면 좋을까?

> 지난해 하반기에만 개정 가맹사업법의 영향으로 신규 브랜드가 4,000여 개나 등록하면서 2020년 말 7,094개이던 브랜드 수가 2021년 말 1만 1,218개로 58% 급증했다.

'지난해 하반기'는 신규 브랜드가 4,000여 개 등록한 기간이다. 그런데 '지난해 하반기에만'과 '신규 브랜드' 사이에 '개정 가맹사업법 영향으로'를 끼워넣음으로써 두 요소를 떼어놓았다. '신규 브랜드'와 '지난해 하반기'를 붙여 아래와 같이 고칠 수 있다.

지난해 하반기에만 개정 가맹사업법의 영향으로 신규 브랜드가

4,000여 개나 등록하면서 2020년 말 7,094개이던 브랜드 수가 2021년 말 1만 1,218개로 58% 급증했다.

대안

개정 가맹사업법의 영향으로 신규 브랜드가 지난해 하반기에만 4,000여 개나 등록하면서 2020년 말 7,094개이던 브랜드 수가 2021년 말 1만 1,218개로 58%나 증가했다.

다음 문장도 고쳐보자.

피부가 얇은 부위는 흡수가 잘되므로 약한 강도의 연고를 바르고, 두꺼운 부위에는 높은 강도의 연고를 사용합니다.

별 문제는 없다. 다만 '피부가 얇은'과 '흡수가 잘된다'가 가깝고 '부위'와 '연고를 바르다'가 가깝다는 점을 고려해 아래의 [대안]처럼 고칠 수 있다.

원문

피부가 얇은 부위는 흡수가 잘되므로 약한 강도의 연고를 바르고, 두꺼운 부위에는 높은 강도의 연고를 사용합니다.

피부가 얇아 흡수가 잘되는 <u>부위에는</u> <u>약한 강도의 연고를 바르고</u>, 두꺼운 부위에는 높은 강도의 연고를 사용합니다.

구성요소들의 관계를 잘 살피자

다음 문장에는 오해의 소지가 있다.

> 항만은 국내 미세먼지 배출원의 10%를 차지하는 선박과 대형 경유 자동차 출입 등으로 인해 국내 주요 미세먼지 배출원으로 지목된다.

원문은 '선박과 대형 경유 자동차'의 출입으로 국내 미세먼지의 10%가 배출된다고 읽힐 수 있다. 그러나 이 문장이 포함된 자료의 전후 내용을 살펴보면 '선박'만 국내 미세먼지 총량의 10%를 배출한다. 따라서 아래의 [대안]처럼 써야 오독될 위험이 낮아진다.

항만은 국내 미세먼지 배출원의 <u>10%를</u> 차지하는 선박과 대형 경유 자동차 출입 등으로 인해 국내 주요 미세먼지 배출원으로 지목된다.

대안

항만은 국내에서 미세먼지가 발생하는 주요 장소다. 선박은 국내 미세
먼지 총량의 10%를 차지하고, 항만을 출입하는 대형 경유차도 상당한
양의 미세먼지를 배출한다.

다음은 가벼운 수정이다. '흔들흔들 움직이는'이 '배의 선실'
뿐 아니라 '노새의 등'도 수식하는데, 독자는 이 관계를 파악하
는 데 시간이 걸린다. 아래의 [대안]처럼 쓰면 전달 효율이 좋아
진다.

원문

모든 경도탐색자들이 해야 할 일은 지역 시각과 크로노미터의 시각의
비교였다. 그러나 흔들흔들 움직이는 배의 선실이나 노새의 등에서 정
밀한 시계가 시각을 정확하게 지켜내기란 결코 쉽지 않았다.

대안

모든 경도탐색자들이 해야 할 일은 지역 시각과 크로노미터의 시각의
비교였다. 그러나 배의 선실이나 노새의 등처럼 **불안정한 곳**에서 정밀
한 시계가 시각을 정확하게 지켜내기란 결코 쉽지 않았다.

우리말에서는 주어와 술어의 거리가 멀어지기 쉽다. 따라서
문장을 퇴고할 때 주어와 술어가 너무 멀지 않은지 점검해볼 필

요가 있다. 아래 두 사례의 [원문]과 [대안]을 비교해보자.

원문

이는 역사학자 토머스 칼라일이 맬서스의 『인구론』을 읽고 경제학의
한계를 지적하며 말했던 '음울한(dismal) 과학'이라는 오랜 비판에서
경제학이 벗어나는 길이기도 하다.

대안

이는 맬서스의 『인구론』을 읽은 역사학자 토머스 칼라일이 경제학의
한계를 지적하며 던진 '음울한(dismal) 과학'이라는 오랜 비판에서 경
제학이 벗어나는 길이기도 하다.

원문

2008년 대금융위기 전에는 정치적인 반발이 나타나지 않았는데, 국
가적 불평등이 이른바 '대안정기(Great Moderation)'에 경제적 후생
이 전반적으로 향상되면서 상쇄되었기 때문이다.

대안

2008년 대금융위기 전에는 정치적인 반발이 나타나지 않았는데, 이
른바 '대안정기(Great Moderation)'에 경제적 후생이 전반적으로 향
상되면서 국가적 불평등이 상쇄되었기 때문이다.

이 절에서 다룰 수 있는 유형이 문장 첫머리에 배치된 부사나 시점 문구이다. 부사는 동사나 형용사를 수식하므로, 특별히 도치해야 하는 경우가 아니라면 동사나 형용사 가까이 써야 한다. 시점 문구는 기본적으로 '누가 왜 언제 어디서 무엇을 어떻게 했다'라는 문장 전개 순서에 맞춰서 쓰자. 이에 대해서는 이 장의 1절 '첫머리를 대충 쓰지 않았나요?'를 참조하기 바란다.

명사는 답답하고, 동사는 생동한다

개인균등분 주민세는 소득이나 재산의 유무에 관계없이 매년 8월에 서울시에 주소를 둔 개인(세대주)에게 균등하게 6,000원씩 부과하는 세금이다.

이 예문은 두 가지 측면에서 수정해야 한다. 첫째, 끝부분에 쓰인 단어 '세금'이 맡는 역할이 없다. '개인균등분 주민세'가 세금임을 나타내고 있으므로 알려주지 않아도 된다. 둘째, 문장 구조가 답답하다. 구문을 파악하면 이렇다.

개인균등분 주민세는	소득이나 재산의 유무에 관계없이 매년 8월에 서울시에 주소를 둔 개인(세대주)에게 균등하게 6,000원씩 부과하는	세금이다.

긴 둘째 칸 속 구절이 셋째 칸의 '세금'을 수식한다. 3단이다.

'세금이다'를 지우고 예문을 2단으로 재구성해보자.

개인균등분 주민세는	소득이나 재산의 유무에 관계없이 매년 8월에 서울시에 주소를 둔 개인(세대주)에게 균등하게 6,000원씩 부과된다.

2단으로 재구성한 문장은 '부과된다'라는 동사로 마쳤다. 끝이 열려 간결하고 잘 읽힌다.

명사로 문장 끝을 묶으면 갑갑하다. 명사로 닫힌 문장을 동사나 형용사로 열어놓자.

문인들조차 '닫힌 문장'을 쓴다

나는 책과 매체에 발표된 글을 구조 측면에서 다년간 검토했다. 그 결과 한국 사람 다수에게 명사로 끝맺은 문장 유형이 기본 형태로 내장되어 있다는 가설을 세웠다. 그럴 만큼 명사로 마치는 문장이 많다.

원문

이러한 행동치료법은 단기적인 효과는 좋다고 평가되지만 파트너의 인내와 협조가 반드시 필요하며 재발률이 높다는 단점 때문에 현재 잘 사용되지 않는 **방법**입니다.

[대안]

이러한 행동치료법은 단기적인 효과는 좋다고 평가되지만 파트너의
인내와 협조가 반드시 필요하며 재발률이 높다는 단점 때문에 현재
잘 **사용되지 않습니다.**

안타깝게도 문인이나 국문학자, 문학 담당 기자들조차 이런
문장을 구사한다.

[원문]

황석영은 굳건한 리얼리즘에 바탕을 둔 민중적 차원에 있어서의 현실
파악이라는 입장에 도달한 뛰어난 **작가**이다.

[대안]

황석영은 굳건한 리얼리즘에 바탕을 두고 민중 차원에서 현실을 파악
해 뛰어나게 **묘사해냈다.**

[원문]은 황석영 단편집에 대한 추천사다. 황석영이 작가임을
마지막 단어로 명시하지 않아도 된다. 게다가 [원문]은 닫힌 구
조이어서 답답하다. [대안]처럼 동사로 풀어낼 수 있다.
한편 위의 [원문]과 [대안]에는 끝 단어가 명사인지 동사인지

에 못지않게 중요한 차이가 있다. [원문]은 '작가' 앞에서도 한 번 '입장'으로 묶었다. [대안]은 '입장'을 지우고 앞부분도 닫힌 구조에서 열린 구조로 수정했다.

두 가지 사례를 추가로 공유한다.

원문

해방 후에 발간된 황순원의 두 번째 창작집 표제작 단편 「목넘이 마을의 개」는 어느 날 목넘이 마을에 주인에게 버림받은 암캐가 나타나면서 시작되는 **이야기**다.

대안

해방 후에 발간된 황순원의 두 번째 창작집 표제작 단편 「목넘이 마을의 개」는 어느 날 목넘이 마을에 주인에게 버림받은 암캐가 나타나면서 **시작된다**.

원문

오래전 읽었던 이청준 소설 「자서전들 쓰십시다」가 떠오른다. 다른 사람의 삶과 업적을 대필하는 자서전 작가인 **젊은 주인공이** 실체 없는 삶을 미화하는 허구의 글쓰기에 회의를 느껴 작업을 중단하는 상황 속에서, 삶의 진실을 자각하고 글쓰기의 의미를 되묻는 **작품**이다.

오래전 읽은 이청준 소설 「자서전들 쓰십시다」가 떠오른다. 자서전 대
필 작가인 **젊은 주인공은** 실체 없는 삶을 미화하는 허구의 글쓰기에
회의를 느껴 작업을 **중단한다.** 이 상황 속에서 그는 삶의 진실을 자각
하고 글쓰기의 의미를 **되묻는다.**

또 다른 사례 중 일부를 아래와 같이 공유한다. 닫힌 각 문장
을 수정해 열어보자.

- 직접세는 납세의무자가 곧 조세부담자가 됨으로써 조세가 전가되는
  것이 예정되어 있지 않은 조세다.
- 스톡홀름은 세계 최초의 야외민속박물관인 스칸센을 보유한 도시다.
- 폐는 호흡을 통해 혈액에 산소를 공급해주고 혈액 속에서 이산화탄소
  를 배출하는 역할을 하는 장기입니다.
- 수학자 테렌스 타오는 플린더스대학교 동문 가운데 순수학문에서 가
  장 큰 성과를 올린 인물이다.

명사로 문장을 끝맺으면 구조가 갑갑해지기 쉽다. 닫힌 문장
일 경우 끝 명사를 동사로 수정해 구조를 열어놓자.

긴 문장을 저며내는 방법들

———————————————————— ●

수사적인 필요가 아니라면, 긴 문장은 여러 문장으로 저며내는 편이 낫다. 글을 쓴 다음 퇴고하는 과정에서 소리 내 읽어보자. 한 호흡에 한 문장을 읽지 못한다면 그 문장을 나누는 방법을 찾아보자.

긴 문장을 여러 문장으로 나누는 방법은 많다. 의미 단위로 잘라내는 방법이 가장 간단하다. 수식하는 부분을 뒤로 돌리는 경우도 있다. 계기도 뒤로 옮길 수 있다. 문장을 나누면서 앞에 안내 문장을 추가하는 방식도 가능하다. 문장 전체를 재구성하면 좋은 경우도 있다.

의미 단위로 잘라내기

....

○○시 과학관이 오는 6월에 진행하는 메이커 교육은 과목과 주제에 구애받지 않고 무엇이든 새롭게 만드는 과정을 통해 제작 능력은 물론이고 창의성도 기르는 프로그램이다.

위 문장은 의미 단위로 구분하면 교육 내용과 교육 효과로 나뉜다.

내용 과목과 주제에 구애받지 않고 무엇이든 새롭게 만드는 과정
효과 학습은 물론 창의성도 기르는 프로그램

이 의미 단위로 각각 한 문장을 쓰면 아래와 같다. [원문]에 생략된 주체 '참가자들'을 두 문장에 각각 넣었다.

대안

○○시 과학관이 오는 6월에 진행하는 메이커 교육은 **참가자들**이 과목과 주제에 구애받지 않고 무엇이든 새롭게 만들도록 가르친다. 이를 통해 **참가자들**은 제작 능력은 물론이고 창의성도 기를 수 있다.

아래의 긴 문장도 순서를 바꾸지 않고 의미 단위로 잘라내면

된다. 그러면서 첫 문장과 다음 문장을 연결하는 '이는'을 추가했다.

원문

최근 미국을 중심으로 비(非)시장경제 국가인 중국과 러시아를 글로벌 공급망에서 배제하고 우방국을 중심으로 글로벌 가치사슬을 재편하려는 움직임이 향후 글로벌 가치사슬을 크게 변화시킬 것으로 예상되기 때문에 이에 대한 적극적인 대응 방안을 수립할 필요가 있다.

대안

최근 미국을 중심으로 비(非)시장경제 국가인 중국과 러시아를 글로벌 공급망에서 배제하고 우방국을 중심으로 글로벌 가치사슬을 재편하려는 움직임이 진행되고 있다. **이는** 향후 글로벌 가치사슬을 크게 변화시킬 것으로 예상되기 때문에 이에 대한 적극적인 대응 방안을 수립할 필요가 있다.

아래의 [원문]은 글의 첫 문장이다. 문장이 길고 영어 번역투라는 두 가지 문제가 있다. 특별한 이유가 없다면 첫 문장은 이렇게 길면 안 된다. 밑줄 그은 부분이 영어 번역투다.

원문

프랑스가 자랑하는 예술가 빅토르 위고는 넘쳐나는 천재성과 휴머니

즘으로 낭만주의 문학의 거장으로서 평생을 살아왔지만 왕당파에서 보나파르티스트로, 다시 공화파로 전환되는 정치 편력은 결국 1851년 나폴레옹 3세의 쿠데타를 반대하다가 국외로 추방당하게 만들었다.

대안

빅토르 위고는 프랑스가 자랑하는 작가다. 넘쳐나는 천재성으로 휴머니즘을 바탕에 둔 낭만주의 문학의 거장으로 우뚝 섰다. 그러나 위고는 정치적으로는 왕당파에서 보나파르티스트로, 다시 공화파로 참여했다. 마침내 그는 1851년 나폴레옹 3세의 쿠데타를 반대하다가 국외로 추방당해 장장 19년간 벨기에와 영국을 전전하며 망명 생활을 했다.

아래의 문장 역시 앞부분을 의미 단위로 분리하면 된다. 길이 외에 다른 문제점이 있다. 바로 문장의 뒷부분과 그에 해당하는 [대안 1]의 둘째 문장은 겹겹이 감싸인 구조라는 것이다. 또 둘째 문장은 단어를 반복한다. '날'과 '문장'이 되풀이된다. 겹겹 구조를 시각화한 자료를 참고하자. [대안 2]는 [원문]의 구조를 풀고 반복을 들어냈다.

원문

민법이나 상법 같은 기본법**은** 여전히 어려운 용어와 난해한 문장들이 남아 있지만 평범한 국민의 편에 서서 추진하는 '좋은 일'이 계속되다 보면 머지않은 날 우리나라의 모든 법 문장이 일반 언어생활의 문장과 별반 나르시 않은 쎵이한 분장이 되는 날이 오리라 믿는다.

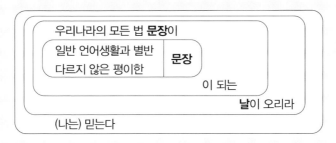

대안 1

민법이나 상법 같은 기본법**에는** 여전히 어려운 용어와 난해한 문장들
이 남아 있다. 그러나 평범한 국민의 편에 서서 추진하는 '좋은 일'이
계속되다 보면 머지않은 **날** 우리나라의 모든 법 **문장**이 일반 언어생활
의 **문장**과 별반 다르지 않은 평이한 **문장**이 되는 **날**이 오리라 믿는다.

대안 2

민법이나 상법 같은 기본법에는 여전히 어려운 용어와 난해한 문장들
이 남아 있다. 그러나 평범한 국민의 편에 서서 추진하는 '좋은 일'이
계속되다 보면 **머지않아** 우리나라의 모든 법 **문장이** 일반 생활의 언
어와 별반 다르지 않고 평이하게 **되리라고** 믿는다.

> 우리나라의 모든 법 **문장**이 일반 생활의 언어와
> 별반 다르지 않고 평이하게 되리라고
> (나는) 믿는다

순서대로 나누고 추가 손질하기

다음 긴 문장을 내용에 따라 '/'을 그으면서 나눠보자.

원문

1839년 제1차 아편전쟁으로 1842년 홍콩 섬 지역이 영국에 할양됐고 1860년 구룡반도까지 영국 통치하에 들어간 뒤 1898년 신계(新界) 지역을 99년간 조차함으로써 완성됐던 영국령 홍콩은 제2차 세계대전 때의 일본 점령기를 제외하면 계속 영국의 통치를 받은 결과 중국 본토에 접하지만 영국 영향을 받으며 아시아에서 중국의 제도적 영향력과는 구분되는 무역과 금융 중심지로 특별한 위치를 지녔다.

그 선에 따라 문장을 저며내면 다음 [대안 1]처럼 쓸 수 있다.

대안 1

①1839년 제1차 아편전쟁으로 1842년 홍콩 섬 지역이 영국에 할양됐다. ②1860년 구룡반도까지 영국 통치하에 들어갔다. ③1898년 신계(新界) 지역이 99년간 조차됨으로써 영국령 홍콩이 완성됐다. ④홍콩은 제2차 세계대전 중 일본 점령기를 제외하면 계속 영국의 통치를 받아왔다. ⑤그 결과 중국 본토에 접하지만 영국 영향을 받으며 아시아에서 중국의 제도적 영향력과는 구분되는 무역과 금융 중심지로 특별한 위치를 지녔다.

[대안 1]에 영국령이 된 과정을 안내하는 문장을 추가해 아래의 [대안 2]와 같이 수정할 수 있다. [대안 2]는 영국령으로 발전한 홍콩의 특성을 별도 문단으로 분리했다.

대안2

홍콩은 19세기에 세 단계를 거쳐 영국령이 됐다. ①1839년 제1차 아편전쟁으로 1842년 홍콩 섬 지역이 영국에 할양됐다. ②1860년 구룡반도까지 영국 통치하에 들어갔다. ③1898년 신계(新界) 지역이 99년간 조차됨으로써 영국령 홍콩이 완성됐다.

홍콩은 제2차 세계대전 중 일본 점령기를 제외하면 계속 영국의 통치를 받아왔다. 그 결과 중국 본토에 접하지만 영국 영향을 받으며 아시아에서 중국의 제도적 영향력과는 구분되는 무역과 금융 중심지로 특별한 위치를 지녔다.

수식하는 부분을 뒤로 돌리기

문장 중 수식하는 부분을 뒤로 돌리면 문장이 간결해지고 내용이 잘 전달된다. 이를 다음 문장을 고치면서 확인해보자.

다다넥서스는 온라인 음식료품 마켓플레이스 플랫폼 JD다오자와 일반 상점이나 JD물류(징동닷컴의 물류 자회사)의 도심배달을 라이더와 매한 칭시켜주는 배달대행 서비스업체인 다다나우를 보유하고 있다.

JD다오자는 온라인 음식료품 마켓플레이스다. 다다나우는 배달대행 서비스업체다. 첫 문장에 이 사실만 담으면 내용이 잘 전해진다. 다다나우에 대한 추가 설명은 아래 [대안]처럼 둘째 문장에서 하면 된다.

원문

다다넥서스는 온라인 음식료품 마켓플레이스 플랫폼 JD다오자와 일반 상점이나 JD물류(징동닷컴의 물류 자회사)의 도심배달을 라이더와 매칭시켜주는 배달대행 서비스업체인 다다나우를 보유하고 있다.

대안

다다넥서스는 온라인 음식료품 마켓플레이스 플랫폼 JD다오자와 배달대행 서비스업체인 다다나우를 보유하고 있다. 다다나우는 일반 상점이나 JD물류(징동닷컴의 물류 자회사)의 도심 배달을 라이더와 연결해준다.

계기와 수식 부분을 뒤로 돌리는 방법을 적용할 사례를 살펴보자.

원문

캐나다 토론토의 로저스센터는 1989년에 만들어진 세계 최초의 개폐식 돔구장으로 본래는 스카이돔으로 불리다가, 2005년 캐나다 대표 통신사인 로저가 지금은 캐나다 유일의 메이저리그팀인 토론토 블루제이스를 인수하면서 현재 이름으로 바뀌었다.

대안

캐나다 토론토에 있는 로저스센터는 1989년에 만들어진 세계 최초의 개폐식 돔구장이다. 본래 스카이돔으로 불리다가 2005년에 현재 이름으로 바뀌었다. 명칭 변경 계기는 캐나다의 대표 통신사인 로저가 토론토 블루제이스를 인수한 것이었다. 이 팀은 현재 캐나다 유일의 메이저리그 멤버다.

두괄식을 써서 재구성하기

두괄식은 긴 문장을 재구성하는 데에도 유용하다. [대안 1]에 비해 [대안 2]가 더 친절하다.

원문

문맹이 사라진 지금은 데이터와 통계에 대한 이해가 부족해 사회와 경제 현상을 제대로 파악하는 데 어려움을 겪는, 이른바 **통계맹인 사**

람들이 늘어나고 있다.

문맹이 사라진 지금은 통계맹이 늘어나고 있다. 데이터와 통계에 대한 이해가 부족해 사회와 경제 현상을 제대로 파악하는 데 어려움을 겪는 사람들이 많아지고 있다.

글을 읽지 못하는 **문맹이 사라진 이제 통계를 알지 못하는 통계맹이 늘어나고 있다.** 즉, 데이터와 통계에 대한 이해가 부족해 사회와 경제 현상을 제대로 파악하는 데 어려움을 겪는 사람들이 많아지고 있다.

아래의 [대안]은 [원문]의 둘째 문장을 두괄식으로 재구성했다. 그러면서 '것'을 없애는 등 첫째 문장도 고쳤다.

고령화 시대에 정년 60세 이후의 고령자가 적어도 10년은 더 일하는 **것을** 전제로 직접 일자리 제공 정책**이** 노동시장 연계 정책으로 **다시 자리를 잡아야 한다.** 현재 추진하는 국민취업지원제도나 전 국민 고용보험 적용 정책에서 고령자들을 확대 적용하는 방안, 기본소득의 확대 일환으로 먼저 노인들에게 보편적인 기초연금을 인상하는 방안을 통해 노인들의 사회적 보호를 중장기적 안정성이 보장되는 제도로 발전시키고 직접 일자리 제공 정책은 노인보다 청년과 중년들에게 집중해야 한다.

고령화 시대에 정년 60세 이후의 고령자가 적어도 10년은 더 일한다는 **전제**에 따라 직접 일자리 제공정책**을** 노동시장 연계 정책으로 **조정해야 한다**. *즉, 직접 일자리 제공 정책은 노인보다 청년과 중년들에게 집중해야 한다.* 노인의 사회적 보호는 중장기적 안정성이 보장되는 제도로 발전시켜야 한다. **그런 제도로는** 현재 추진하는 국민취업지원 제도나 전 국민 고용보험 적용 정책을 고령자에 확대 적용하는 방안, 기본소득 확대의 일환으로 먼저 노인들에게 보편적인 기초연금을 인상하는 방안이 있다.

아래는 글의 인트로에 알맞게, 저며낸 첫 문장을 인용으로 시작한 사례다. 그러면서 인용자, 일시와 장소, 행사, 주장 순서로 내용을 전개했다.

김성욱 기획재정부 국제금융국장은 지난 5일 한국수출입은행 대강당에서 열린 '신(新)외환법 제정방향 세미나'에서 기존 법을 부분적으로 고칠 게 아니라 새로운 법을 제정해야 한다는 주장을 하면서 아인슈타인이 했다는 **"똑같은 일을 반복하면서 새로운 변화를 기대하는 건 미친 짓이다"**라는 말을 인용했다.

"똑같은 일을 반복하면서 새로운 변화를 기대하는 건 미친 짓이다."

아인슈타인이 했다는 이 말을 공개석상에서 인용한 사람은 김성욱 기획재정부 국제금융국장이다. 지난 5일 한국수출입은행 대강당에서 열린 '신(新)외환법 제정방향 세미나'에서다. 기존 법을 부분적으로 고칠 게 아니라 새로운 법을 제정해야 한다는 주장을 하면서 한 말이다.

출처: 서경호, '복잡하고 몰라서 못 지키는 외환법... 200쪽 위반사례집 나올 정도',
중앙일보, 2022.07.12.

쓰고 나니 문장이 길어졌다면, 여러 문장으로 나눠서 다시 쓰자. 긴 문장을 어떻게 여럿으로 나눌까? 원문을 의미 단위로 나누어 여러 문장으로 분리할 수 있다. 설명하는 부분 등을 뒤로 돌려 별도 문장으로 서술하는 방법도 있다. 두괄식 문단으로 재구성해도 좋다.

왜 역접의 90%는 '하지만'일까?

"백 국장, 왜 요즘 글에서는 역접 접속사로 '하지만'만 쓰는지, 한번 글로 다뤄주세요."

언론계 지인들이 내게 종종 하는 말이다. 나는 "단어를 반복하지 말라는, '기본의 기본' 지침에 어긋난 사례죠"라면서 "굳이 지적할 필요가 있나요"라고 답변하곤 했다.

최근 생각을 바꿨다. 글을 많이 집필해온 내가 쓰고 편집자를 거쳐 간행된 책에서조차 역접 접속사를 거의 '하지만'으로 일관한 사례가 예외가 아님을 발견하고 나서다. 그래서 이 절節을 정리하고 있다.

일례로 책 『빌트, 우리가 지어 올린 모든 것들의 과학』(로마 아그라왈, 2019)을 살펴봤다. 역접 23곳 중 20곳에 '하지만'이 쓰였다. 87%에 이른다. 나머지 3곳에만 '그러나'가 활용됐다.

왜 그럴까? 문제를 제기한 지인이 직접 '하지만'만 쓰는 기자한테 물어봤다고 했다. 답변은 "'하지만'은 구어口語 접속사인 데 비해 '그러나'는 문어文語투라서"라고 전했다. 이로부터 나는 '하지만' 일색은 언론계 간부들이나 글을 다루는 사람들이 그렇게 가르친 결과라고 짐작하게 됐다.

문장에는 간혹 '문어투'가 어울린다

우선 '그러나'가 문어투라는 인식에 동의하기 어렵다. 설령 문어투이더라도 글에서 피할 일이 아니다. '언문일치'가 바람직하다고들 하지만, '글'과 '말'은 곳곳에서 간격이 벌어진다. 예컨대 불특정 다수를 대상으로 한 수필이나 칼럼을 우리는 경어체로 쓰지 않는다. 또 "그는 내게 지타를 아냐고 물었다" 대신 "그는 내게 지타를 아느냐고 물었다"처럼 약간 문어투로들 쓴다. 대화할 때는 "이 일은 기획부랑 판매부가 함께 대응하세요"라고 말하지만 글로 쓸 때에는 '랑' 대신 '기획부와 판매부 공동 대응' 식으로 서술한다.

가장 일관된 거리는 종결형 어미가 아닐까? 신문기사도 좋고, 단행본도 좋다. 손에 잡히는 대로, 눈에 띄는 대로 글을 읽어보자.

정부가 1억 3,000만 달러 규모의 대외경제협력기금(EDCF)을 통해 러시아와 전쟁 중인 우크라이나의 재건을 지원하기로 했다.

이렇게 말하는 사람은 한 명도 없다. 상대방과의 관계에 따라 '~지원하기로 했대', '~지원하기로 했어', '~지원하기로 했어요', '~지원하기로 했습니다'라고 말한다. 선언문 등 예외적인 경우에만 문장을 '~했다', '~한다'로 마친다.

이에 대해 최경봉 원광대 국어국문과 교수는 『한국어, 그 파란의 역사와 생명력』(최경봉 등, 2020)에서 "언문일치라고 하면 대개 구어를 문어로 바꾸는 것을 말하는데, 저는 언문일치의 문장이 반드시 구어를 그대로 구현한 것은 아니라고 봅니다"라고 말했다. 이 말을 받아 백낙청 서울대 명예교수는 "언문일치가 꼭 입말과 문장을 일치하자는 건 아니라고 말씀하셨는데 T.S. 엘리엇의 유명한 말이 있어요"라면서 다음과 같이 인용했다.

"당신이 말하는 그대로 글을 쓰면 아무도 읽으려 하지 않을 것이고 쓰는 그대로 말을 하면 아무도 들으려고 하지 않을 것이다."

또 '그러나'를 꺼린다면 '그렇지만'이나 '그런데도', '그럼에도' 등 다른 단어는 피할 이유가 없다. 그러나 '그러나'를 쓰지 않는 필자는 대개 '그렇지만'이나 '그런데도', '그럼에도' 등도 구사하지 않는다.

다른 역접 접속사로 변화를 주자

단조롭게 '하지만'을 밀어붙이기보다는 다양한 다른 역접 접속사로 변화를 줘야 한다. 어떤 책에서 골라낸 다음 문장들을 읽으면서 '하지만'의 [대안]을 생각해보자.

- 하지만 100미터 이상 솟은 건축물을 설계할 때는 바람 지도에 나오는 숫자가 더는 통하지 않는다.
- 하지만 다이아그리드와 코어는 단지 건물이 쓰러지는 것을 막기만 하는 것이 아니다. 건물이 흔들리는 것도 조절한다.
- 하지만 오랫동안 인류는 자연이 제공하는 재료의 기본 특성을 변화시키지 않고 그대로 건축에 이용해왔다.
- 하지만 콘크리트는 까다로운 재료다.
- 하지만 이것은 이론일 뿐이고 실제로는 거의 이렇게 되지 않는다.
- 하지만 이 기둥들이 대성당을 구한 것은 아니었다. 이 기둥들은 1,500개의 구멍을 내기 위한 수단이었을 뿐이다.
- 하지만 그 추파남은 계속 전화를 하고 이메일을 보냈다.
- 하지만 지금 나는 오래된 빅토리아풍 직사각형 벽돌 바닥이 팔 벌려 환영하는 집에 들어선다.
- 그러나 무콰니의 일은 이제 시작이다.
- 그러나 문제가 하나 있었다.
- 그러나 에밀리는 워싱턴의 이름을 말했다.

위 문장에서 '강조' 등을 위해 쓰인 아래의 '하지만'들은 생략 가능하다.

- 하지만 우리는 전례 없던 일을 했다.
- 하지만 내 눈을 가장 잡아끈 것은 핏빛의 붉은 벽돌이었다.
- 하지만 로마인들은 더 멀리 나아갔다.
- 하지만 나는 마지막 층에서 걸음을 멈추었다.
- 하지만 이 추의 진짜 역할은 태풍이나 지진으로부터 건물을 보호하는 것이다.

또 상당수 자리는 역접으로 대충 때워졌다. 그보다 더 적절하게 앞 문장과의 관계를 설정하는 [대안]이 가능하다.

원문

하지만 두 개의 도르래를 쓴다면, 같은 에너지를 내고도 힘은 반밖에 들지 않는다.

대안

도르래를 하나에서 둘로 늘리면, 같은 에너지를 내고도 힘은 절반만 든다.

원문

하지만 대중이 그의 발명품에 관심을 갖게 하기 위해, 그리고 승강기가 작동한다는 것을 보여주기 위해 오티스에게는 큰 무대가 필요했다.

대안

오티스에게는 큰 무대가 필요했다. 대중이 그의 발명품에 관심을 갖게 하기 위해서, 그리고 승강기가 작동한다는 것을 보여주기 위해서였다.

원문

하지만 그 후 외국인들이 나타났다.

대안

그 후 외국인들이 나타나면서 상황이 달라졌다.

원문

하지만 이 건물은 87층과 92층 사이에 걸려 있는 거대한 강철 추 구조로도 유명하다.

대안

이 건물에는 명물이 더 있다. 바로 강철 추 구조로, 87층과 92층 사이에 걸려 있다.

원문

하지만 나는 제단 바로 왼쪽 기둥 위에 있는 작은 금속 장식 못에 완전히 혼을 빼앗긴 채 꼼짝하지 못했다.

대안

내 혼을 빼앗은 대상은 따로 있었다. 제단 바로 왼쪽 기둥 위에 있는 작은 금속 장식 못이었다. 내 눈길은 그 못에 못박혀 움직이지 못했다.

원문

하지만 타이베이101은 피해를 입지 않았다.

대안

그처럼 엄청난 강풍에도 타이베이101은 피해를 입지 않았다.

원문

하지만 20세기에 상황은 달라졌다.

<u>20세기에 들어서자 상황이</u> 달라졌다.

이들 사례는 국내에 확산된 틀린 글쓰기 지침, 즉 '접속사를 가급적 쓰지 말라'는 말이 나온 근거를 제공했다고 본다. 필요하지 않은 접속사와 덜 적합한 접속사가 많이 구사된 사례를 본 사람들이 그런 결과를 피하라고 강조했다고 나는 추측한다.

그러나 접속사는 필요하다. 필요하지 않다면 인류가 접속사를 다양하게 만들어 오랫동안 활용했을 리가 없다. 역접 접속사도 마찬가지다. 남은 과제는 역접 접속사를 적절하고 다양하게 구사하는 것이다.

동사는 동사로 쓰자

동사를 동사로 쓰자. 하나 마나 한 소리가 아니다.

일례로, '조사하다'는 동사다. '사물의 내용을 명확히 알기 위하여 자세히 살펴보거나 찾아보다'는 뜻으로 쓰인다. 정부 기관도 조사하고, 기업도 조사한다. 예컨대 주무 행정기관은 어떤 사안의 실태를 조사하고, 기업은 자사 제품군에 대한 선호도를 조사한다.

이 동사를 굳이 '명사＋을(를)＋하다'로, 즉 '조사를 하다'로 분리해서 쓰는 사례가 흔하다.

- 저희는 국내에서 생산되는 수산물에 대해서 지금까지 계속 조사를 하고(⇒ 조사하고) 있습니다.
- ○○도산림자원연구소는 ○○ 전역을 12개 구역으로 구분해 매년 대기 청정도 조사를 하고 (⇒ 대기 청정도를 조사하고) 있다.

멀쩡한데도 '명사+을(를)+하다'로 대체되는 동사는 '조사하다'

에 국한되지 않는다. 거의 모든 동사가 그렇게 버려진다.

- 담당자와 상담을 하려면 (⇒ 상담하려면) 전화나 온라인으로 예약을
  해야 (⇒ 예약해야) 한다.

예외는 있다. '조사하다'로 돌아오면, 그냥 조사가 아니라 '특
별조사', '정밀조사' 등으로 특정될 경우에는 이들 단어를 목적
어로 삼는다. 다음 문장을 각각 '~특별조사한다' '~정밀조사했
다'고 쓰면 덜 술술 읽힌다.

- 과학기술정보통신부가 ○○○○○○의 잇따른 개인정보 유출 등과
  관련해 특별조사를 실시한다.
- ○○시는 지난달 21일부터 냉해 농가에 대한 정밀조사를 하고 있으
  며, 피해 복구 계획을 확정해 오는 12일까지 ○○도에 제출할 예정
  이다.

동사를 동사로 쓰지 않는 사례 중에는 동사를 형용사로 구사
하는 유형도 있다. 예를 들어 '꺼리다'는 동사다. 이를 형용사라
고 착각해 '꺼리지 마시고' 대신 '꺼려하지 마시고'라고 쓰는 사
례가 많다. '부담스럽다'는 형용사여서 '부담스러워하다'라는 동
사로 바꿔서 써야 한다. 하지만 '꺼리다'는 동사이므로 그대로
활용하기를 꺼리지 말기 바란다.

'부족하다'는 형용사고, '모자라다'는 동사다. '나는 요즘 무엇보다 잠이 부족하다' 대신, '나는 요즘 무엇보다 잠이 모자란다'라고 써야 한다. 과거형은 '모자랐다'다. 헷갈린다면 '자라다' 동사를 떠올리면 된다. 이 기본형의 현재형은 '자란다'다. '아이가 잘 자란다', '나무도 잘 자란다'처럼 쓴다. 과거형은 '자랐다'다.

따라서 다음 예문에서 '모자라다'는 '모자란다'라고 고쳐야 한다.

> 마지막으로 영화관을 찾은 지가 언제였더라. (중략) 코로나19 영향도 있었지만 극장에 꼭 가야겠다는 생각이 들지 않았다. 넷플릭스와 웹툰, 웹소설을 보기에도 시간이 <u>모자라다</u>.

이 유형 중 가장 많이 언급된 단어는 아마도 '삼가다'이지 싶다. '삼가다'는 동사다. '나가다'와 동일하게 활용된다. '나가주시기 바랍니다'처럼 '삼가주시기 바랍니다'로 써야 한다. 그러나 이를 '삼가하여 주시기 바랍니다'로들 잘못 적는다.

아버지를 아버지라고 부르듯, 동사를 동사로 구사하자.

7장

실전 연습 3:

숫자, 표, 그래프 작성의 기본

군더더기는 숫자에서도 지우세요

희한한 일이다. 재미난 현상이라고도 하겠다. 우리말과 영어는 참 먼 언어인데도, 동일하게 나타나는 오류가 있다.

수치 변화를 이중으로 쓰는 습관을 들인 필자들이 있다. 그들은 예컨대 '매출이 전년 대비 8% 감소했다'고 쓰는 대신 '매출이 전년 대비 -8% 감소했다'고 적는다.

다음은 내가 공역한 책 『주식시장은 어떻게 반복되는가』(켄 피셔 등, 2019) 중 한 문단이다.

역사상 가장 극심한 변동성(표준편차로 측정한 것)을 기록한 해는 1932년이었다. 미국 사상 최악의 약세장 바닥을 포함한 해였다. 놀라운 사실은 아닐 것이다. 표준편차는 65.24%였다. 월간 수익률이 심하게 변동했다. 그렇다면 주가가 크게 떨어졌을 듯한데, 맞을까? 틀렸다. 그해 주가는 단지 8.41% 하락했다. 훌륭한 주가는 아니었지만 시장이 망한 것도 아니었다. 전반적으로 최악이었던 해가 끝나가는 시점에서, 하강을 마친 롤러코스터가 종착지로 돌아가는 상황일 뿐이었다.

"그해 주가는 단지 8.41% 하락했다"의 원문은 "in 1932 stocks fell just −8.41%"다. 원서는 일관되게 감소나 하락에 마이너스 부호를 붙였다. 나는 일일이 마이너스 부호를 지웠다.

'주가 −8% 하락'이 아니라 '주가 8% 하락'이다

왜 감소한 비율 앞에 마이너스 부호를 붙일까? 그 편이 더 정확하다고 생각해서일까? 아니면 그렇게 쓰면 더 친절하다고 여겨서일까? 그 심리를 이해할 수 없다. 확실한 사실은 그런 서술은 군더더기 표현인 데다 정확하지 않다는 점이다. 매출이 '마이너스 감소'했다면 플러스가 되는 셈이기 때문이다.

글도 중첩 없이 써야 하고, 수치에도 군더더기가 없어야 한다. 자주 눈에 띄는 수치 관련 중첩 유형을 공유한다.

- 이들이 연간 ○○활동에 지출하는 금액은 평균 약 70만 원 정도로 집계됐다.
- 참석한 회원 중 과반수 이상이 그 안건에 반대했다.
- 그는 영화를 즐겨 본다. 연간 약 40~50여 편 이상을 감상한다고 말

했다.

첫째, '약'과 '정도'는 중첩된다. '약'을 썼으면 '정도'는 필요 없고, '정도'를 붙일 요량이었다면 '약'은 쓰지 말았어야 했다.

둘째, '과반수'는 절반이 넘는 수를 의미한다. 따라서 '과반수 이상'은 '절반이 넘는 수 이상'이 된다. 예를 놓고 생각해보자. 30명의 절반은 15명이다. 절반이 넘는 수는 16~30명이다. 그렇다면 '절반이 넘는 수 이상'은 '16~30명 이상'이 된다. 막연한 서술이다. 또 31명 이상도 포함한다고 읽힐 수 있다(물론 그렇게 읽는 사람은 드물지만, 그렇게 따질 수는 있다). [원문] 중 '과반수 이상이'는 '과반수가'로 고쳐야 한다.

셋째 문장에서는 일단 '약'을 지워야 한다. 그 이후 구절이 범위를 서술하기 때문이다. 그 다음 '40~50여 편 이상'에서 '여'도 삭제해야 한다. 둘째에서와 마찬가지로 '이상'도 삭제해야 한다. 남는 숫자는 40~50이다. 아마 이 문장을 쓴 사람이 쓰려고 한 숫자는 40~49였을 듯하다. 그렇다면 '40여 편'이라고 서술하면 된다.

정말 '과반수 이상'인가?

우리는 사전에서 단어의 의미도 확인하지만 활용 예문도 참고한다. 예문을 참고해 문장을 작성할 때 유의할 사항이 있다. 『표준국어대사전』과 『고려대 한국어사전』의 예문과 달리, 포털에서 제공되는 '우리말샘'의 예문 중에는 비문이 적지 않다는 점이다.

이 양상은 '과반수 이상'이라는 틀린 표현에서도 나타난다. 다음은 '우리말샘'에 수록된 틀린 예문 중 하나다. 참고로 '우리말샘'은 이용자 제작형 사전이다. [대안]은 중첩을 해소하면서 문장을 둘로 나눴다. 이때 활용한 지침은 앞서 6장 3절에서 공유한 '가까운 요소는 가깝게 배치'다.

원문

문제는 대부분의 사업장이 종전법에 따라 <u>전체 조합원의 과반수 이상의 동의</u>가 아닌 총회 참석자의 과반수 동의로 시공사를 선정했다.

대안

문제는 사업장 대부분이 종전법에 따라 총회 참석자의 과반수 동의로 시공사를 선정하면서 불거졌다. 개정된 법은 시공사 선정 관련 요건을 <u>전체 조합원의 과반수 동의</u>로 강화했다.

'소수점 아래 둘째 자리'는 기본이 아니다

수치 중 소수점 아래는 대개 군더더기다. 특히 소수점 아래 둘째 자리 수치는 대부분 지우는 편이 좋다.

> 지상파에 더 심각한 '신호'는 연령대 시청률이다. 지상파 채널의 20대 시청률은 2000년 22.90%였으나 매년 하락세를 보이며 2011년 9.70%를 기록, 한 자릿수를 기록했다.

언젠가부터 비율을 소수점 아래 둘째 자리까지 쓰는 방식이 기본이 된 듯하다(엑셀 계산을 활용하면서일까?). 인용문에서 비교되는 두 수치는 2000년 시청률과 2011년 시청률이다. 두 수치는 차이가 크다. 이전 시청률이 이후 시청률의 두 배가 넘는다. 따라서 소수점 아래 둘째 자리는 물론이고, 첫째 자리도 필요 없다. 반올림해서 각각 23%와 10%로 쓰면 된다.

기업 보고서에서는 '불량률 전월 대비 0.02% 악화'라는 식의 구절이 간혹 보인다. 이런 정도의 변화는 수치로 나타낼 필요가 없다. '불량률 전월 수준'이다. 이런 내 판단에는 정황 근거가 있다. 저 구절을 쓴 담당자도 0.02% 악화에 대해 '대응 방안을 마련하기 위해 원인 파악 중' 같은 서술을 하지 않았다는 사실이다.

놀랍게도 국내 기사는 주가지수 변동을 0.01%까지 전한다.

이런 미세한 진동은 등락이라고 볼 수 없다. 시장 참가자들은 이런 상황을 자주 마주치고, 그래서 그런 상황을 나타낼 단어까지 만들어 활용한다. '보합保合'이다. 사전은 이를 '시세가 거의 변동 없이 계속되는 일'이라고 풀이한다. '코스피 보합'이라고 전하면 된다. '강보합'이나 '약보합'도 활용되는데, 보합이면 충분하다.

고객에게 안내하는 구절에서는 특히 수치를 간결하게 다듬어야 한다. 예를 들어 어느 가공식품 포장에 중량과 열량은 각각 500g, 1,590kcal라고 쓰였고 원재료와 정제염의 비중이 각각 99.16%와 0.84%라고 표시됐다고 하자. 중량과 열량은 아주 간결하게 잘 정리됐다. 그에 비해 비중은 의미 없이 상세하다. 이 경우 비중은 99%와 1%로 충분하다.

정확성보다 명료함이 낫다

충격적이게도 수치와 통계를 다루는, 권위를 갖춰야 할 통계청조차 기계적으로 숫자를 공표한다. 통계청은 한 통계에서 북한이 수출하는 주요 상대국이 중국과 인도, 파키스탄 등임을 보여줬다. 그 통계는 이들 3개국의 수출 비중을 각각 93.16%, 0.76%, 0.64%라고 정리했다. 각각 93%, 0.8%, 0.6%로 다듬었어야 했다.

국내 글에서 정리되지 않은 수치를 볼 때면 비슷한 내용의 영어 문장을 검색해보곤 했다. 영어 문장은 대부분 수치를 필요한 자리까지만 쓴다. 예컨대 어떤 사람이 한 기업의 지분을 취득해 주요 주주가 된 경우 '13%를 취득했다'고 쓰지, 국내 기자들처럼 '13.27%를 취득했다'고 밝히지 않는다. 앞서 지적한 주가지수 보합의 경우 영어 매체들은 대부분 지수 등락률은 쓰지 않는다. 지수가 움직인 포인트만 알려준다.

미국 수학자 존 앨런 파울로스John Allen Paulos는 "판단을 흐리게 만드는 (수치의) 정확성보다 주변을 밝게 비추는 명료함이 더 낫다"고 말했다. 파울로스는 책 『수학자의 신문읽기』(1996)에서 요리의 열량을 1인분에 761kcal라고 소개한 기사 등을 예로 들었다. 이 경우 760kcal가 더 낫다. 그의 지침은 '숫자는 원 자료를 그대로 쓰기보다는 정리해서 독자에게 뚜렷하고 분명하게 전달되게 하라'로 풀이할 수 있다.

변동 폭인가, 그 결과인가

숫자에도 성격이 있다. 여기서 '성격'이라는 비유는 '범주'를 가리킨다. 숫자의 범주 중에는 움직인 '폭'과 '결과'가 있다.

스타트업인 우리 회사의 고객 숫자가 지난해 1만 명 증가했다. 그 결과 지난해 말 고객 수는 3만 명이 됐다. 이때 변동 폭은 1만 명이고, 결과는 3만 명이다.

폭과 결과는 내가 쉽게 설명하기 위해 고안한 명칭이다. 숫자의 범주를 지칭하는 기존 용어는 유량流量과 저량貯量이다. 영어로는 유량은 플로우flow이고 저량은 스톡stock이다.

유량은 '기간'에 측정되고, 저량은 '시점'에 집계된다. 이를 기업 경영과 관련된 수치인 매출, 영업이익, 부채, 자본을 놓고 구분해보자. 매출과 영업이익은 일정한 기간에 걸쳐 실적이 집계

310

되는 플로우다. 부채와 자본은 일정한 시점에 축적된 양이 측정되는 스톡이다.

따라서 '2021년 매출'이라고 쓰고, '2021년 말 매출'이라고 쓰지 않는다. 매출 같은 유량은 '기간'인 연간이나 분기, 월에 대해 집계했다고 표기해야 한다. 유량은 시점에는 집계할 수 없다. 또 '2021년 말 부채'라고 쓰고, '2021년 부채'라고 쓰지 않는다. 부채 같은 저량은 '시점'인 연말이나 분기 말, 월말에 산출했다고 기록해야 한다. 저량은 기간에 대해서는 산출할 수 없다.

유량은 '기간'과, 저량은 '시점'과 쓰인다

플로우가 쌓이면 스톡이 되는 숫자도 있다. 매년 새로 저축한 금액은 연말 저금 잔액에 더해진다. 지지난해 말 저금 잔액이 5,000만 원이었는데 지난해 3,000만 원을 신규 저축했다면 지난해 말 저금 잔액은 8,000만 원이 된다. 여기서 신규 저축 금액 3,000만 원은 플로우고, 지난해 말 저금 잔액 8,000만 원은 스톡이다. 신규 저축 금액은 '지난해'라는 '기간'과 함께 써야 하고, 저금 잔액은 '지난해 말'이라는 '시점'과 함께 써야 한다.

실제 사례를 놓고 익혀보자. 스톡과 플로우의 관점에서 다음 [원문]은 [대안]처럼 고쳐야 한다.

한국 가계의 금융자산이 전체 자산에서 차지하는 비중은 2019년에
36% 수준으로 나타났다.

한국 가계의 금융자산이 전체 자산에서 차지하는 비중은 2019년 말에
36% 수준으로 나타났다.

시장점유율은 기간 수치일까, 시점 수치일까? 산업에서 일ㅁ
단위 집계 통계는 시점 자료다. 시장점유율은 하루 단위로 내지
않는다. 일별 시장점유율은 의미가 없다. 시장점유율은 적어도
분기 이상 기간에 대해 집계된다. 따라서 시장점유율은 기간 수
치에 해당한다. 이에 비추어 아래의 [원문]과 [대안]을 비교해
읽어보자.

○○카드의 지난 1분기 말 개인회원 이용실적 기준 시장점유율이
15.5%로 집계됐다. ○○카드의 개인회원 시장점유율은 지난해 말
14.9%에서 0.6%포인트 확대됐다.

○○카드의 지난 1분기 개인회원 이용실적 기준 시장점유율이 15.5%

로 집계됐다. 이는 지난해 14.9%에 비해 0.6%포인트 확대된 수준
이다.

당신은 프랜차이즈 업계 동향 자료를 작성한다. 다음 자료를
인용하기로 했다. 각 숫자가 스톡인지 플로우인지 생각하면서
읽어보자.

프랜차이즈 브랜드가 1만 개를 넘어섰다. 프랜차이즈 브랜드 수는
2020년 7,094개이었다가 2021년 1만1,218개로 58% 증가했다.
외식업종 브랜드가 가장 큰 비중을 차지하고 있다. 외식 브랜드의 수는
2021년 기준 8,999개로 전체 프랜차이즈 브랜드의 80%에 이른다. 외
식 브랜드 수는 3,610개 증가하면서 전년 대비 67% 급증했다.

이 중 프랜차이즈 브랜드 수 7,094개와 1만1,218개는 스톡
이다. 스톡은 시점을 명시해 써야 한다. 증가한 외식 브랜드 수
3,610개는 플로우다. 플로우는 기간에 대해 써야 한다. 이를 반
영한 아래의 [대안]을 보자.

원문

프랜차이즈 브랜드가 1만 개를 넘어섰다. 프랜차이즈 브랜드 수는
2020년 7,094개이었다가 2021년 1만1,218개로 58% 증가했다.
외식업종 브랜드의 비중이 가장 크다. 외식 브랜드의 수는 2021년 기

준 8,999개로 전체 프랜차이즈 브랜드의 80%를 차지하고 있다. 외식 브랜드 수는 3,610개 급증하면서 전년 대비 67%의 증가율을 기록했다.

대안

프랜차이즈 브랜드가 1만 개를 넘어섰다. 프랜차이즈 브랜드 수는 2020년 말 7,094개이었다가 2021년 말 1만1,218개로 58% 증가했다. 외식업종 브랜드의 비중이 가장 크다. 외식 브랜드의 수는 2021년 말 8,999개로 전체 프랜차이즈 브랜드의 80%를 차지하고 있다. 외식 브랜드 수는 지난해 3,610개 급증하면서 전년 말 5,389개 대비 67%의 증가율을 기록했다.

포인트는 지수 자체에는 붙이지 않는다

포인트는 비율이나 지수의 변화 폭을 나타내는 데 쓰인다. 건강보험료율이 2022년 6.99%에서 2023년 7.09%로 올랐다. 이 경우 두 비율의 차이인 0.1%에는 포인트를 붙인다. 다른 예를 들면 '11월 실업률이 2.5%로 전월의 2.6%에 비해 0.1%포인트 하락했다'고 서술한다. 또 '코스피가 지난주 약 200포인트 상승했다'는 식으로 활용된다. '포인트'라고 쓰기도 하고 p라고 표기하기도 한다. 지수 자체에는 포인트를 붙이지 않는다.

증감을 전할 때 주의할 한두 글자가 있다. '(으)로'다. '지난해 매출이 10억 원 증가했다'와 '지난해 매출이 10억 원으로 증가했다'는 다르다. 전자는 지난해 연간 매출의 변동 폭이고 후자는 지난해 연간 매출 실적이다.

전자의 경우 지난해 한 해 동안 매출이 전년 대비 10억 원 증가해 100억 원이 됐을 수 있다. 후자에서 매출의 변동 폭은 예컨대 3억 원일 수 있다. 그렇다면 후자의 사례를 전자처럼 서술한 문장은 '지난해 매출이 3억 원 증가했다'가 된다.

'(으)로' 간과는 종종 '배倍'와 결합해서 나타난다. '몇 배로 증가했다'를 쓸 자리에 '몇 배 증가했다'를 쓰는 사례가 많다. 예컨대 서술하려는 대상이 100에서 300으로 늘었는데 '3배로 증가했다'고 쓰지 않고 '3배 증가했다'라고 전한다. 전자에 오해의 소지가 없다. 후자는 '3배, 즉 300 증가하면 결과는 400이네'라고 읽힐 수 있다.

'배'는 감소한 경우에는 쓰지 않는다

'배'는 감소와 함께 쓰이지 않는다. 그러나 그렇게 활용한 사례가 간혹 보인다. 이런 사례는 영어 문장에서도 발견되고, 영어권에서도 오류라고 지적된다.

– 반면 한국의 멀웨어 발생률은 2.8%로 아시아 태평양 지역 평균 발생
　률보다 7배 낮게 나타났다.
– 당시 ○○로부터의 수주와 성공적인 납품이 없었다면, 우리 회사의
　매출은 지금보다 4배 적은 규모에 머물렀을 것이다.

　낮거나 적은 규모에 대해서는 '몇 분의 몇'을 활용해 표현하
면 된다. '7배 낮게'는 '7분의 1 수준으로'라고 고쳐야 한다. '4배
적은 규모'는 '4분의 1 수준'으로 수정해야 한다.
　비율이 '몇 분의 1' 형식의 분수로 떨어지지 않는다면 '○○%'
로 쓰면 된다. 예를 들어 'A회사의 지난달 가동률은 원자재난까
지 겹치는 바람에 호황기 대비 43% 수준으로 급락했다'고 표현
하면 된다.
　보고서 작성자는 숫자의 변화를 정확히 기술해야 한다. 시간
에 따라 변하는 숫자는 플로우와 스톡으로 구분된다. 플로우는
매출처럼 일정 기간에 집계되고 유량이라고도 불린다. 스톡은
부채처럼 일정 시점에 측정되고 저량이라고도 불린다. 플로우
는 기간과 함께, 스톡은 시점과 함께 써야 한다.
　큰 증가나 상승을 나타내는 낱말인 '배'를 감소나 하락에 쓰
면 틀린 문장이 된다. '3배로 감소'가 아니라 '3분의 1로 감소'라
고 적어야 한다.

기하평균 안 쓰다간 큰코다친다

경제 책을 직접 저술한 정당인이 있다. 공저도 여러 권 냈다. 그가 소셜미디어에 기하평균 대신 산술평균으로 계산해 정반대 결론을 내린 글을 쓴 적이 있다. 정책을 진지하게 논의하는 사람조차 기하평균과 거리가 멀다는 사실을 알게 됐다. 이는 내가 책에서 기하평균을 다루기로 결심한 계기가 됐다.

다른 계기는 직장인과 대학생을 대상으로 한 강습에서 접했다. 나는 글쓰기 강습에서 '숫자를 다루는 방법'을 두 시간 이상 강의하는데, 그 과정에서 수강생들이 기하평균을 생소해한다는 사실을 알게 됐다. 고등학교 때 어려운 수학 문제를 푸는 법은 배우지만, 사회에서 경제활동을 하는 데 긴요한 기하평균을 계산하는 법은 배우지 않는 듯하다.

간단한 사례로 들어간다. 우리 회사 주요 서비스의 가입자 수가 지난 10년간 크게 늘어 약 두 배가 됐다. 편의상 서비스 가입자 수가 a에서 $2a$로 됐다고 표기한다. 그동안 가입자 증가율은 약 100%다. 이 경우 '연평균 가입자 증가율'은 몇 퍼센트인가?

이 수치가 포함된 보고서를 작성하는 직장인 중 상당수가 가입자는 10년간 평균 10% 증가했다고 쓴다. 이 수치는 오류다. 왜 틀렸는지, 검산을 통해 확인해보자.

10년간 매년 10% 증가하면 a라는 가입자 수는 첫 한 해 동안에는 $1.1a$가 된다. 둘째 해 동안에는 $(1.1)^2\, a$로 커진다. 셋째 해, 넷째 해를 거쳐 결국 마지막에는 $(1.1)^{10}\, a$가 된다.

계산기로 1.1을 열 번 곱해보자. 약 2.6이 나온다. a값이 10년간 매년 10% 늘면 $2.6a$가 된다. 증가율은 160%이다. 이는 계산의 전제인 $2a$ 또는 증가율 100%와 큰 차이가 난다. 따라서 10년간 100% 증가한 경우 연평균 증가율은 10%가 아니다. 10%보다 낮을 것이다.

정확한 연평균 증가율은 어떻게 계산하나? 2의 10제곱근부터 구해야 한다. 이 값은 다음 수식을 입력하면 나온다.

2^(1/10)

^는 제곱 부호로 '캐럿caret'이라고 불린다. 스마트폰 계산기에 따라서는 X^y가 캐럿과 같은 역할을 한다.

위 값을 계산하면 1.072가 나온다. 백분율로는 7.2%다. 어떤 수치가 연간 7.2%씩 10년간 증가하면 두 배로 증가한다는 말이다. 1.072를 열 번 곱하면 2가 된다. 검산해보나 마나다. 왜냐하면 다음 식의 양변을 각각 십 제곱한 결과이기 때문이다.

$2^{(1/10)} = 1.072$

덤으로 익히는 '72의 법칙'

···

7.2라는 숫자가 나온 김에 '72의 법칙'을 소개한다. 이 법칙은 복리 이자율이 a%일 때 원금이 두 배로 불어나는 기간을 $72/a$로 계산한다는 방법을 가리킨다. 이자율이 3%이면 24년 후 원금이 두 배가 되고, 8%이면 9년 뒤 원금이 두 배로 불어난다.

우리 사례로 돌아오면, 회원 수가 매년 7.2% 증가할 경우 두 배가 되는 시간은 72/7.2로 10년이 확인된다.

암기보다 원리가 오래 간다. 이런 측면에서 기하평균의 개념을 복습해보자.

기하평균은 주어진 n개의 양수의 곱의 n제곱근의 값이다. 10년간 각각 연도의 전년 대비 증가율을 각각 r_1, r_2, r_3, r_4, r_5, r_6, r_7, r_8, r_9, r_{10}으로 표기하자. 여기에서 각 증가율은 백분율이 아니다. 10% 증가했다면 r은 1.1이다. 기하평균 증가율, 즉 연평균 증가율은 다음과 같이 계산한다.

$$(r_1 \, r_2 \, r_3 \, r_4 \, r_5 \, r_6 \, r_7 \, r_8 \, r_9 \, r_{10})^{\wedge}(1/10)$$

우리 사례에 적용하면, 이들 증가율을 다 곱한 결과가 2이므로, 이 계산식은 앞에서 다룬 $2^{\wedge}(1/10)$과 동일하다.

한편 산술평균은 다음과 같이 계산한다.

$$(r_1 + r_2 + r_3 + r_4 + r_5 + r_6 + r_7 + r_8 + r_9 + r_{10})/10$$

10개의 증가율이 동일하지 않은 경우 산술평균은 기하평균과 다르게 나온다.

이제 사례를 놓고 기하평균 계산법을 익혀보자. 다음은 위키피디아에 올라온 내용이다.

이 공항의 이용객은 2014년에 전년 대비 21% 증가해 약 1,520만 명으로 늘었다. 이용객은 이후 4년 동안 엄청나게 늘어 2018년에 2,414만 명이 됐다.

2018년 이용객 수를 2014년 이용객 수로 나누면 1.59가 나온다. 4년 동안 1.59배로 증가했으니, 연평균 증가율은 $1.59^{\wedge}(1/4)$로 계산한다. 이 값은 1.123이다. 백분율 연평균 증가율은 12.3%다.

따라서 [원문] 중 '엄청나게 늘어'가 전하는, 이후 4년간 증가율이 21%보다 높다는 뉘앙스는 사실과 다르다. '이후 4년 동안 증가세는 연평균 약 12%로 둔화됐다'고 써야 한다.

연평균 증가율을 모른 채 증가율을 햇수로 나누지 않았나? 그랬다면 앞으로는 정확히 연평균 증가율을 계산하자.

글 먼저, 표나 그래프는 그 다음

한 대기업 경영기획 부서의 실무자들을 대상으로 보고서 작성법을 강의한 뒤 개별 첨삭 지도를 진행한 적이 있다. 그러면서 현업에서 작성되는 다양한 보고서의 유형을 접했다. 동시에 내가 기본으로 여기는 형식에서 벗어난 사례도 마주치게 됐다. 그 사례 중 하나가 제목 아래 표만 배치한 보고서였다. 나는 개별 첨삭 시간에 그 보고서를 작성한 과장한테 이런 요지로 말했다.

"이 제목과 표는 사전 지식이 있는 독자에게만 독해된다. 관련 부서에 공유했을 때 이 정보만으로는 내용을 이해하지 못하는 사람들이 적지 않을 듯하다."

그 과장은 내 조언에 동의하지 않았다. 자신이 공유할 내용은 표에 다 담겨 있다고 반박했다. 첨삭 지도를 마친 뒤, 표나 그래프로는 충분하지 않다는 내 생각을 뒷받침할 딱 부러진 근거를 궁리해봤다.

다음 표는 그 근거 중 하나다. 내가 작성한 가상의 사례다. 자, 이 간단한 표에 무슨 내용이 담겼는지 파악해보자. 아마도 짧지 않은 시간이 걸릴 것이다. 상당한 시간을 들여 궁리했지만 무슨 의미인지 모르겠다는 분도 계시리라.

(단위: 만 원)

	품목별 평균 판매가	품목별 판매량	전체 평균 판매가
A회사	가 품목 60	160	63
	나 품목 75	40	
B회사	가 품목 55	40	67
	나 품목 70	160	

이 표에 담긴 숫자는 열 개밖에 안 된다. 숫자 외 정보는 두 회사에 두 품목, 불과 네 가지다. 이 표는 판매 품목 구성 및 가격 전략과 관련된 참고 자료에 들어갔다.

표나 그래프만으로는 충분하지 않다

이 표에서 A회사는 가 품목의 평균 판매가도 B회사보다 높고, 나 품목의 평균 판매가도 B회사보다 높다. 그러나 전체 평균 판매가는 반대로 B회사가 A회사보다 높다. 왜냐하면 '품목별 판매량'에서 보이듯이 B회사는 평균 판매가가 높은 나 품목을 많이 팔기 때문이다. 여기서 시사점은 높은 단가의 품목을 많이 팔수록 전체 평균 판매가가 높아진다는 데서 찾을 수 있다. 이와 같은 '글' 설명을 표보다 먼저 배치하면 다음과 같이 된다. 표에 제목도 붙였다.

대안

A회사는 가 품목의 평균 판매가가 60만 원으로 B회사의 55만 원보다 높다. 나 품목의 평균 판매가도 B회사보다 높다. 그러나 전체 평균 판매가는 품목과 반대로 B회사가 A회사보다 높다. B회사는 평균 판매가가 높은 나 품목을 많이 팔기 때문이다.

고단가 제품 비중 키워야 전체 평균 판매가 상승 (단위: 만 원)

	품목별 평균 판매가	품목별 판매량	전체 평균 판매가
A회사	가 품목 60	160	63
	나 품목 75	40	
B회사	가 품목 55	40	67
	나 품목 70	160	

이 사례는 '표/그래프로 충분하지 않다'는 지침을 강조하기 위해 만들어낸, 다소 극단적인 유형이다. 그러나 이보다 덜 복잡

한 표나 그래프라도 그 메시지가 무엇인지 독해하는 데에는 종종 상당한 시간이 걸린다. 읽는 사람이 메시지를 파악하지 못하는 경우도 간혹 발생한다. 위 [대안]처럼 글로써 정리해야 읽는 사람이 표의 내용을 바로, 제대로 파악한다. 표/그래프는 우선순위에서 글 다음이다.

이제 실제 사례를 놓고 살펴보자. 다음 자료는 '서울 지역 아파트 경비노동자 처우 개선 방안'을 정리한 보고서의 일부다. 계약 기간 등 여섯 항목에 걸쳐 실태를 조사한 결과가 표에 담겨 있다. 당연히 모든 항목에 걸쳐 처우를 개선하면야 좋지만, 전국 평균에 비해 서울 지역이 특히 열악한 항목에 대응의 우선순위를 두는 접근이 합리적이다. 이런 관점에서 표의 내용을 읽어보자.

〈아파트 경비노동자 실태조사 결과('19. 11월, 서울노동권익센터)〉

▲ 서울지역 아파트 경비노동자 490명 대상 표본조사(전체 4,256개 단지, 2만4천명)

● **1년 미만 단기계약 : 서울(41.9%) / 전국(30.4%)**

● 고용승계 비율

	전원고용승계	일부계약해지	대다수(전원)해지
서울	23.9%	55.6%	21.5%
전국	24%	50%	26%

● 부당해고 경험 : 서울(27%) / 전국(15%)

- 휴게시간 사용 (24시간 근무 기준)

	계약시간	실제시간	무료 노동시간
서울	9.4	6.7	2.7
전국	8	6.2	1.8

- 업무내용 비중

	경비	기타(청소, 조경, 분리수거, 주차관리, 택배 등)
서울	26%	74%
전국	32%	68%

- 부당대우(욕설, 구타 등) 경험

	있다	없다
서울	19.1%	80.9%
전국	24.4%	75.6%

한눈에 파악되나? 시간이 걸린다. 각 항목에서 서울과 전국 평균의 데이터를 비교한 뒤 내용을 정리하는 시간을 거쳐야 한다. 불친절하다. 이뿐만 아니라, 이 실태는 대책의 바탕이 된다는 점에서 보고서의 핵심인 개선 방안과 연결되는 실태에 대한 서술이 필요하다. 문장으로 쓴 실태는 제목 아래 배치해야 한다.

[원문]의 순서대로 첨삭 코멘트를 제시한다. 우선 제목 옆에 자료의 출처가 표기됐다. 보고서에는 출처가 필요하다. 부분 인용된 원 자료에서 관련 정보를 더 알고자 하는 독자가 있게 마

런이다. 그러나 보고서 해당 부분의 서두에, 제목 옆에 출처를 표기하는 방식은 적절하지 않다. 떠올려보라. 단행본의 표나 그래프에서 출처는 어디에 표시했는지. 대개 출처는 표나 그래프의 아래에 표기된다. 같은 맥락에서 '서울지역 아파트 경비노동자 490명 대상 표본조사' 행 또한 출처에 포함해야 한다.

서울 지역 아파트 경비노동자가 전국 평균에 비해 열악한 항목은 단기계약 비율과 부당해고이다. 이를 아우르는 상위 범주는 고용안정성이다. 그렇다면 이를 보여주는 항목을 추려 다음 [대안]과 같이 서술할 수 있다.

〈아파트 경비노동자 실태조사 결과('19. 11월, 서울노동권익센터)〉

▲ 서울지역 아파트 경비노동자는 전국 평균에 비해 고용안정성이 낮음

－1년 미만 단기계약 비율이 42%로 12%포인트 높고, 부당해고 경험 비율은 27%로 12%포인트 열악

서울지역 아파트 경비노동자 490명 대상 표본조사(전체 4,256개 단지, 2만 4천명)

• 1년 미만 단기계약 : 서울(41.9%) / 전국(30.4%)

• 고용승계 비율

	전원고용승계	일부계약해지	대다수(전원)해지
서울	23.9%	55.6%	21.5%
전국	24%	50%	26%

• 부당해고 경험 : 서울(27%) / 전국(15%)

● 휴게시간 사용(24시간 근무 기준)

	계약시간	실제시간	무료 노동시간
서울	9.4	6.7	2.7
전국	8	6.2	1.8

● 업무내용 비중

	경비	기타(청소, 조경, 분리수거, 주차관리, 택배 등)
서울	26%	74%
전국	32%	68%

※ '19. 11월 '아파트 경비노동자 고용안정을 위한 조사연구 및 노사관계 지원사업 공동사업
단' 조사(서울 490명 포함 전국 3,388명)
※ 서울 시내 아파트 경비노동자는 총 4,256개 단지, 2만4,000명

제목 아래 표/그래프 배치가 정석

이 지침에 딸린 지침이 있다. '제목부터, 표/그래프는 그 다음
에'라는 것이다. 데이터를 많이 다루는 부서에서는 상세한 수
치를 담은 표/그래프를 먼저 앉힌 다음 그 아래 제목을 붙이기
도 한다. 그러나 제목부터 쓰고 그 아래 표/그래프를 붙이는 순
서가 전달력이 높고 일반적이다. 예를 들어 아래 그래프의 제목
'음식배달서비스 이용 빈도'는 막대와 범례 위에 재배치하면 더
좋다.

표나 그래프로는 충분하지 않다. 글로 설명한 다음 그 아래나

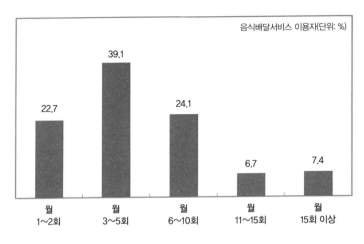

음식배달서비스 이용 빈도

출처: 서울연구원

오른편에 표나 그래프로 뒷받침하는 순서가 정석이다. 설명 글 다음에는 '제목-표/그래프' 순서로 전개해야 한다. 반대로 표/ 그래프부터 그리고 제목을 그 아래 붙이는 형식은 피해야 한다. 본문 내용이 많고 그중 하나에 대해 표/그래프를 그릴 경우에는 본문 중 해당 문장의 끝에 '참조' 문구를 넣어 글과 표/그래프를 연결하면 좋다.

잘 그린 표나 그래프는 한눈에 들어온다. 그래도 표나 그래프 는 대개 글에 비해 전달력이 떨어진다. 따라서 '표/그래프를 그 렸으니 글은 쓰지 않아도 된다'고 생각하면 오산이다.

표 작성의 3지침

표를 작성하는 데에도 지침이 있다. 첫째, 범례를 활용하면 표가 간결해져 내용이 눈에 쏙 들어온다. 둘째, 글자는 왼쪽맞춤으로, 숫자는 오른쪽맞춤으로 정렬해야 한다. 셋째, 항목을 가로로 읽게끔 배치해야 한다.

반복되는 정보는 범례로 뽑아낸다

범례는 책에서는 첫머리에 설명된, 그 책의 내용이나 쓰는 방법 따위에 관한 참고 사항을 가리킨다. 표의 위에 배치하는 범례에도 참고 사항을 적는다. 표에서 반복해서 쓰이는 정보를 범례로 뽑아내면 표가 간결해진다. 위 표에서 제목 오른쪽에 적힌 '(단위: 원)' 같은 요소가 범례다. 아래의 [원문]과 [대안]을 비교

해 살펴보자. [원문]의 '오전 9시~오후 1시'와 '오후 2시~6시'
를 [대안]에서 범례로 정리했다.

원문

부서별 ○○ 교육 일정

구분	인원	교육일정	장소
○○실	○○명	7/ 6(금) 오전 9시~오후 1시	5층 회의실
○○팀	○○명	7/ 6(금) 오후 2시~6시	7층 회의실
○○실	○○명	7/ 9(월) 오전 9시~오후 1시	7층 회의실
	○○명	7/ 9(월) 오후 2시~6시	5층 회의실
○○실	○○명	7/10(화) 오전 9시~오후 1시	7층 회의실
	○○명	7/10(화) 오후 2시~6시	7층 회의실
○○부문	○○명	7/11(수) 오전 9시~오후 1시	5층 회의실
	○○명	7/11(수) 오후 2시~6시	7층 회의실

대안

부서별 ○○ 교육 일정

오전: 오전 9시~오후 1시

오후: 오후 2시~6시

구분	인원	교육일정	장소
○○실	○○명	7/ 6(금) 오전	5층 회의실
○○팀	○○명	7/ 6(금) 오후	7층 회의실
○○실	○○명	7/ 9(월) 오전	7층 회의실
	○○명	7/ 9(월) 오후	5층 회의실
○○실	○○명	7/10(화) 오전	7층 회의실
	○○명	7/10(화) 오후	7층 회의실
○○부문	○○명	7/11(수) 오전	5층 회의실

글좌수우

'글좌수우'는 글자는 왼쪽맞춤으로, 숫자는 오른쪽맞춤으로 정렬하라는 뜻으로 내가 만든 조어다. 사내 문서와 책에서 표를 읽다 보면 항목명과 숫자도 가운데 정렬한 사례가 많다. 그렇게 정렬된 숫자는 단위를 비교해 읽기에 불편하다. 숫자는 오른쪽맞춤으로 정렬해야 크기를 비교하기 쉽다. 반대로 글자는 왼쪽으로 맞춰서 정렬하자. 한편 가로로 쓰는 항목명은 가운데 정렬이 보기 좋다. 이를 아래의 [원문]과 [대안]을 비교하며 살펴보자.

원문

지난해 주요 부품별 평균 매입단가(단위: 원)

품목명	평균 판매단가	비고
가나	187,900	
나다라	96,430	
마바사아	42,360	
자차카타파하	7,920	
다나가	980	
라다나가	239,220	
바마라다나	690	
사바마라다나가	25,520	

지난해 주요 부품별 평균 매입단가(단위: 원)

품목명	평균 판매단가	비고
가나	187,900	
나다라	96,430	
마바사아	42,360	
자차카타파하	7,920	
다나가	980	
라다나가	239,220	
바마라다나	690	
사바마라다나가	25,520	

글좌수우라는 지침에는 확실한 근거가 있다. 어느 식당이나 들어가서 벽에 붙은 메뉴판을 보라. 음식 이름과 원산지, 가격이 가로로 적혀 있다. 열이면 열, 메뉴판의 음식 이름은 왼쪽맞춤으로 정렬되어 있고, 가격은 오른쪽맞춤으로 정렬되어 있다. 이는 글좌수우가 가운데 정렬에 비해 뛰어난 가독성으로 많은 식당 주인으로부터 선택받은 방식임을 보여준다.

잠깐. [대안 1]은 뭔가 아쉽다. 부품의 중요도가 가격에 반비례하는 게 아니라면, 부품을 값비싼 차순으로 정리하는 편이 가지런하지 않을까? 그렇게 정리한 [대안 2]와 [대안 1]을 비교해보자.

대안 2

지난해 주요 부품별 평균 매입단가(단위: 원)

품목명	평균 판매단가	비고
라다나가	239,220	
가나	187,900	
나다라	96,430	
마바사아	42,360	
사바마라다나가	25,520	
자차카타파하	7,920	
다나가	980	
바마라다나	690	

항목의 정보를 가로로 배치하라

아래와 같은 '사내 커뮤니케이션 활성화 방안'을 표로 정리했다고 하자. 표의 내용을 파악하기에 많은 독자가 살짝 불편함을 느낄 것이다. 'CEO 부서별 간담회' 등 행사 내용을 보려면 시선을 아래로 내려야 한다. 다른 항목도 마찬가지다. [원문]이 세로쓰기로 작성됐기 때문이다.

가로쓰기가 기본이고, 익숙하고, 편리하다. 표도 가로쓰기로 작성해야 한다. 가로쓰기로 작성된 [대안]과 비교해보자.

원문

사내 커뮤니케이션 활성화 방안

품목명	CEO 부서별 간담회	경영 상황 보고회	사업부장과 현장 만남
기획 취지	CEO의 12현안 공유, 현장의 소리 반영	경영진이 경영 상황을 발표하고 질의 응답	각 사업부장이 현장직과 만나 목표 달성 격려하고 동기 부여
주기	CEO 월 1회	경영진 월 1회	사업부장 월 2회
내용	CEO와 다과를 나누며 자유롭게 회사와 부서의 현안 논의	화상회의를 통해 실적을 공유하고, 구성원들이 격의없이 질의하고 답변을 듣도록 진행	함께 식사하면서 동료 의식을 키우고 목표를 지향하는 업무 활동의 바탕으로 삼음
비고			

대안

사내 커뮤니케이션 활성화 방안

	기획취지	주기	내용	비고
CEO 부서별 간담회	CEO의 현안 공유, 현장의 소리 반영	CEO 월 1회	CEO와 다과를 나누며 자유롭게 회사와 부서의 현안 논의	
경영 상황 보고회	경영진이 경영 상황을 공유하고 질의 응답	경영진 월 1회	화상회의를 통해 실적을 공유하고, 구성원들이 격의없이 질의하고 답변을 듣도록 진행	
사업부장과 현장 만남	각 사업부장이 현장직과 만나 목표 달성 격려하고 동기 부여	사업부장 월 2회	함께 식사하면서 동료 의식을 키우고 목표를 지향하는 업무 활동의 바탕으로 삼음	

A4 용지 기준으로 세로로 작성하는 문서에서 표를 가로쓰기로 작성하기 어려운 경우가 있다. 각 행사별 정보 항목의 가짓수가 많을 때다. 위 표에는 항목이 기획취지와 주기, 내용, 비고 등 다섯 개다. 만약 항목이 일곱 개라면 항목별 공간이 너무 좁아져서 내용을 담기에 옹색해진다. 설령 내용을 정리한다고 해도 가독성이 매우 낮아진다.

그럴 때는 그 표가 들어간 페이지에 한해서 A4 용지를 가로로 활용하는 방법이 있다. 그러나 이 방법도 여의치 않을 때에는 예외적으로 표를 세로로 작성할 수도 있다.

보고서에서 문장에 비해 표는 관심을 덜 받는다. 그러나 보고서 완성도 중 상당 부분은 표가 좌우한다. 표를 그릴 때는 가로쓰기로, 글좌수우에 따라, 범례 활용, 이 세 지침을 활용하자.

그래프 100% 활용법

그래프는 표와 마찬가지로 제목, 범례, 내용, 출처, 주석으로 구성된다. 그래프에는 나타내는 형식에 따라서 선 차트와 막대 차트, 파이 차트 등이 있다. 선 차트와 막대 차트를 함께 배치한 혼합형 그래프도 있다.

선 차트 활용법

선 차트는 대개 가로축에 시점을 표시하고, 세로축에 시점별 관심 변수의 값을 나타낸다. 따라서 선 차트는 관심 변수가 시간의 흐름에 따라 어떻게 변해왔는지 추이를 시각화하는 데 활용된다.

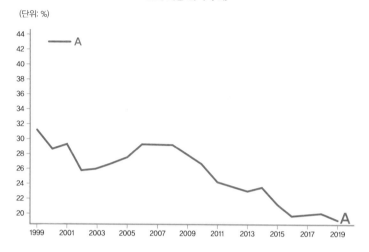

A의 비중 하락 추세

(단위: %)

자료: ○○리서치
주: A변수는 무엇에 대한 a값의 비중으로 계산.

그래프 제목도 '제목'이다. 예컨대 'A 변수의 추이'라고 내용을 담지 않은 제목보다 'A의 비중 하락 추세'라고 변해온 방향을 읽어주는 제목이 친절하다.

범례가 그래프를 깔끔하게 만든다

세로축 위의 (단위: %)는 범례다. 그래프 아래 '자료: ○○리서치'는 출처 표시다. 출처는 정보를 전하는 보고서에 반드시 담겨야 한다. 보고서의 그래프와 표에도 그 그래프와 표로 작성된 데이터의 출처가 명기돼야 한다. 필요할 경우 출처 아래에 주석을 붙인다. 주석에는 데이터에 대한 정의와 자료 수집 방법 등을 담는다.

선 차트는 두 변수의 관계를 보여줄 때에도 활용된다. 두 변수를 X와 Y라고 하고, X값이 변함에 따라 Y값이 어떻게 변하는지가 관심이라면 X값을 가로축에, Y값을 세로축에 표시한다. 가로축에 시간 대신 X값이 대응하는 것이다. 이때 X값은 독립변수, Y값은 종속변수라고 불린다.

여러 선을 다음과 같이 한 그래프에 표시하면 해당 여러 변수의 추이를 한 번에 나타낼 수 있다.

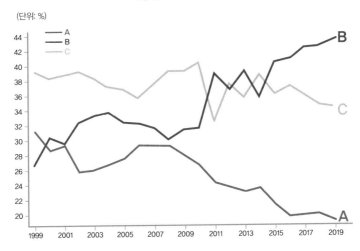

A 비중 감소하고 B 비중 확대

(단위: %)

자료: ○○리서치
주: A변수는 무엇에 대한 a값의 비중, B변수는 b값의 비중, C변수는 c값의 비중으로 계산.

막대 차트 활용법

막대 차트는 한 시점에 여러 항목의 값을 비교해 보여주는 데 많이 쓰인다.

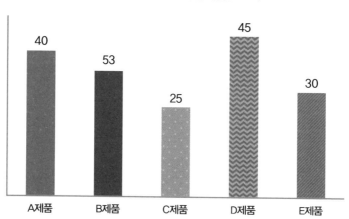

주요 제품 시장점유율 경쟁 치열 (2021년)

자료: ○○리서치

막대 차트로도 시간에 따른 변화를 보여줄 수 있다. 위 그래프의 경우 2021년과 그보다 3년 전인 2018년의 각 시장점유율을 비교할 수 있다. 방법 중 하나는 각 제품마다 두 연도에 해당하는 막대를 하나씩 그리는 것이다. 최근 짙게, 이전 막대는 옅게 칠하면 된다. 비교 기간을 셋으로 늘린 표현도 가능하다.

다음과 같은 다중막대 차트는 어느 변수의 '구성'이 시간에 따라 어떻게 변해왔는지 등을 표현하는 데 활용한다.

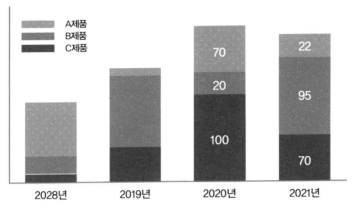

우리 회사 연도별 매출액 추이와 B의 비중 확대

(단위: 억 원)

- A제품
- B제품
- C제품

2028년　2019년　2020년　2021년

자료: ○○데이터

막대 차트를 가로로 나타내야 할 때가 있다. 다음과 같이 비교하는 항목의 이름이 긴 경우 등이다.

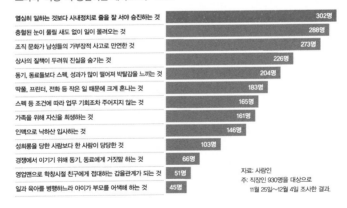

드라마 '미생' 속 공감하는 에피소드? 복수응답

열심히 일하는 것보다 사내정치로 줄을 잘 서야 승진하는 것	302명
충혈된 눈이 풀릴 새도 없이 일이 몰려오는 것	288명
조직 문화가 남성들의 가부장적 사고로 만연한 것	273명
상사의 질책이 두려워 진실을 숨기는 것	226명
동기, 동료들보다 스펙, 성과가 많이 떨어져 박탈감을 느끼는 것	204명
딱풀, 프린터, 전화 등 작은 일 때문에 크게 혼나는 것	183명
스펙 등 조건에 따라 업무 기회조차 주어지지 않는 것	165명
가족을 위해 자신을 희생하는 것	161명
인맥으로 낙하산 입사하는 것	146명
성희롱을 당한 사람보다 한 사람이 당당한 것	103명
경쟁에서 이기기 위해 동기, 동료에게 거짓말 하는 것	66명
영업맨으로 학창시절 친구에게 접대하는 갑을관계가 되는 것	51명
일과 육아를 병행하느라 아이가 부모를 어색해 하는 것	45명

자료: 사람인
주: 직장인 930명을 대상으로
11월 25일~12월 4일 조사한 결과.

선 차트와 막대 차트를 한 그래프에 담을 수 있다. 이때에는 세로축을 두 개 그려야 한다. 각 세로축의 범례도 각각 표기해야 한다. 다음 그래프가 그런 사례다.

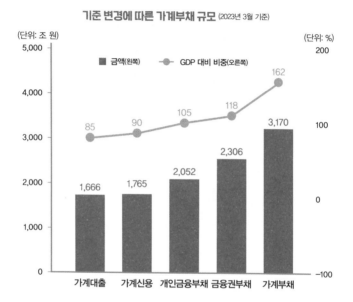

기준 변경에 따른 가계부채 규모 (2023년 3월 기준)

(단위: 조 원)

(단위: %)

■ 금액(왼쪽) ●─ GDP 대비 비중(오른쪽)

자료: 키움증권

차트는 큰 항목 순, 12시부터 시계 방향 배치

마지막으로 파이 차트의 정석을 공유한다. 파이 차트는 구성 항목을 큰 순서로, 12시에서 출발해 시계 방향으로 배치한다. 비중이 작은 항목의 숫자가 많을 경우 모아서 '기타'로 처리한다.

품목별 매출 비중

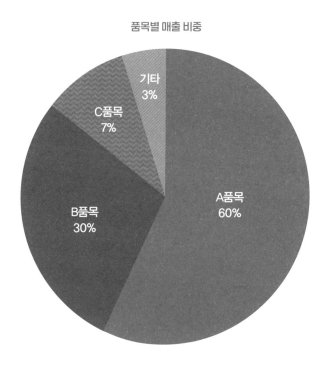

그래프는 보고서의 가독성과 전달력을 높인다. 그래프를 나타내는 형식은 선, 막대, 파이 등이 있다. 선 차트는 시간의 흐름에 따른 관심 변수의 추이를 나타내거나 두 변수의 관계를 보여주는 데 효과적이다. 막대 차트는 여러 비교 항목을 막대의 높이로 시각화해 보여준다. 막대 차트에도 시간에 따른 변화를 담을 수 있다. 막대 차트에는 가로형도 있다. 파이 차트는 전체를 각 구성 요소가 얼마나 차지하는지 나타내는 데 많이 쓰인다.

그래프에도 적절한 제목이 필요하다. 범례 처리는 그래프를 깔끔하게 만들어준다. 관심 대상인 선이나 막대 위에는 수치를 표시하면 좋다. 파이 차트는 큰 항목 순서로 12시에서 출발해 시계 방향으로 배치한다.

그 '것'은 무엇인가?

"한 가지 생각을 표현하는 데는 오직 한 가지 말밖에는 없다."

상허 이태준이 『문장강화』에 인용한 지침이다. 본래 프랑스 작가 플로베르Gustave Flaubert의 말이다. 이 가르침은 '일물일어설' 이라고 불린다. 나아가 어떤 대상을 지칭하는 가장 적합한 단어 는 '일사일언一事一言'이라고 한다.

작가가 아니더라도 글에는 알맞은 단어를 선택해 구사해야 한다. 틀린 낱말을 써도 안 되지만, 대충 '것'으로 때워도 안 된 다. 알맞은 단어가 있으면 그 단어를 찾아서 쓰자. 적합한 단어 가 기존 문장에 쓰였을 경우, 그 단어를 옮겨 '것'을 대체하자.
다음 원문의 첫째 '것'은 이 문장에 쓰인 낱말 '기준'을 가리 킨다.

원문

조세를 간접세와 직접세로 구별하는 **것**은 조세의 전가가 예정되어 있는가를 기준으로 하는 것이다.

대안1

조세를 간접세와 직접세로 구분하는 기준은 조세의 **전가**가 예정되어 있는가이다.

대안2

조세를 간접세와 직접세로 구분하는 기준은 조세 **전가**의 여부이다.

한 백과사전은 '구아노'를 '건조한 해안지방에서 바다새海鳥의 배설물이 응고·퇴적된 것'이라고 설명한다. '구아노'는 '것'이 아니라, '배설물'이다. 다음과 같이 수정하면 좋다.

원문

건조한 해안지방에서 바다새海鳥의 배설물이 응고·퇴적된 것.

대안

건조한 해안에 응고·퇴적된 바다새海鳥의 배설물.

많은 이가 글을 쓰면서 '것'을 남발한다. 없어도 되는 '것'은 지우자.

- 말은 사람이 의사를 표현하려는 필요에서 <u>생긴 것이다</u>.

  (➡ 생겼다.)

- 그 학생은 매일 왔다. 매일 와서 ~ 영숙이를 <u>바라보는 것이었다</u>.

  (➡ 바라보았다.)

한편 문장 끝에서 서술하는 '것이다'는 강조, 도치, 추측, 당위, 예정, 의지 등에 구사된다. 가능하면 지우거나 다른 표현으로 대체하기를 권한다.

읽는 이가
핵심을 파악하도록 쓰자

보고서 작성자는 역지사지로, 상대방인 독자가 빠르고 정확하게 파악하게끔 글을 써야 한다.

'역지사지'는 누구나 아는 태도이지만 실행하기는 어렵다. 글쓰기에서는 더 어렵다. 말하기와 달리 글쓰기는 상대방이 보이지 않는 상태에서 해야 하기 때문이다. 말하는 사람은 듣는 사람의 표정을 통해 자신의 얘기가 얼마나 전해지는지 알아챌 수 있다. 더 적극적으로, 듣는 사람에게 내용 이해도를 물어볼 수도 있다. 그에 비해 필자는 자기가 쓰는 글이 상대방에게 얼마나 효율적이고 온전하게 전달되는지 알 길이 없다. 이런 한계를 넘어 역지사지로 보고서를 쓰게 하는 구체적인 지침이 바로 두괄식, 구조화, 겹치지 않고 빠짐없이MECE 등 세 가지다. 다시 말하면, 이들 지침에 따라 쓴 보고서는 내용이 독자에게 빠르고 정확하게 전달된다.

나는 어떻게 세 지침을 터득하게 되었나?

"독자 중심으로, 독자가 핵심을 먼저 파악할 수 있도록 쓰자."

내가 활자매체에서 기사를 작성할 때 간부와 선배들이 숱하게 강조한 지침이다. 보도자료 중 '정부는 7,000억 원을 무엇무엇으로 타격을 받은 A와 B, C 업계에 지원하기로 했다'고 시작하는 첫 문장은 '공급자 중심'이라고 그들은 지적했다. '독자 중심' 첫 문장은 예컨대 'A가 1,000억 원을 정부에서 지원받는다'가 되어야 한다고 말했다. 이를 받는 둘째 문장은 '정부는 이를 포함해 모두 7,000억 원을 무엇무엇으로 타격을 받은 업계에 지원하기로 했다' 정도면 된다고 했다.

아래와 같은 보도자료는 알맹이가 뒤에 나온다.

원문

○○시가 7일 탄소중립에 앞장선 우수 아파트단지를 선정해 시상하고 인센티브를 지급했다. 대상과 인센티브 1,000만 원을 서구 □□아파트에 수여했고, 우수상과 인센티브 500만 원은 각각 중구 △△아파트와 동구 ◇◇아파트에 수여했다.

대안을 다음처럼 정리할 수 있다.

대안 1

탄소중립에 앞장선 ○○시 서구 □□아파트 등 세 곳이 시로부터 포상과 함께 인센티브 2,000만 원을 받았다.

○○시는 7일 탄소중립 우수 아파트단지를 선정해 시상하고 인센티브를 지급했다고 밝혔다. 대상과 인센티브 1,000만 원을 서구 □□아파트에 수여했다. 우수상과 인센티브 500만 원은 각각 중구 △△아파트와 동구 ◇◇아파트에 주었다.

대안 2

탄소중립에 앞장선 ○○시 서구 □□아파트와 중구 △△아파트, 동구 ◇◇아파트에 등 세 곳이 시로부터 포상과 함께 총 인센티브 2,000만 원을 받았다.

○○시는 7일 탄소중립 우수 아파트단지를 선정해 시상하고 인센티브를 지급했다고 밝혔다. 서구 □□아파트가 대상과 인센티브 1,000만 원을 받았다. 중구 △△아파트와 동구 ◇◇아파트에는 각각 우수상과 인센티브 500만 원이 주어졌다.

독자 중심으로 핵심을 앞세우는 형식이 바로 두괄식이다. 두괄식은 보고서에서도 기본 형식이 되어야 한다.

나는 활자매체 간부로도 일했고, 단행본의 글을 다듬는 작업도 했다. 둘 다 편집자 역할이다. 편집자는 '최초의 독자'라고 불린다. 편집자는 독자의 관점에서 저자의 내용을 독자에게 전달하는 역할을 한다.

자기 글의 문제점은 자기 눈에는 잘 안 보인다. 그래서 편집자는 대개 저자보다 글을 잘 본다. 편집자는 글을 가지런하게 정리한다. 목차를 수정하고 문단을 재구성한다. 편집자로서 이런 역할을 수행하면서 나는 구조화 역량을 갖추게 되었다. 연구와 맞춤형 강습을 통해 구조화와 개조식의 원리를 정리하게 되었다.

겹치지 않게 빠짐없이MECE 기법 또한 편집자로서 글을 고치는 과정에서 내재화했다. 독자로서 앞에서 읽은 내용이 불필요하게 되풀이될 경우 과감하게 지웠다. 반대로 독자로서 궁금한 대목이 서술되지 않았을 경우에는 필자에게 추가하게 하거나 내가 직접 채워넣었다. 이런 활동은 다른 사람의 글에서 중첩을 걸러내고 누락을 체크하는 습관으로 이어졌다.

역지사지 마음가짐은 세 지침의 출발점이다. 세 지침을 적용할 때 가끔 헷갈리는 상황에 처하게 된다. 그럴 때는 독자 처지에서 역지사지로 생각해보자. 대부분 알맞은 대안을 찾을 수 있다.

1% 일잘러의
글쓰기 비밀 노트

초판 1쇄 발행 2023년 8월 25일
초판 2쇄 발행 2024년 7월 24일

지은이 백우진
펴낸이 신현만
펴낸곳 (주)커리어케어 출판본부 SAYKOREA

출판본부장 이강필
편집 박진희 손성원
마케팅 허성권
디자인 김규림

등록 2014년 1월 22일 (제2008-000060호)
주소 03385 서울시 강남구 테헤란로 87길 35 금강타워3, 5-8F
전화 02-2286-3813
팩스 02-6008-3980
홈페이지 www.saykorea.co.kr
인스타그램 instagram.com/saykoreabooks
블로그 blog.naver.com/saykoreabooks

ⓒ (주)커리어케어 2023

ISBN 979-11-93239-01-8 13190